池上彰と考える

災害とメディア

1 災害情報とメディアの特徴

監修
池上彰

目　次

第3章 災害情報《さいがいじょうほう》を取得《しゅとく》するためのメディア知識《ちしき》

はじめに

命を守るために

ジャーナリスト
池上　彰

災害《さいがい》が続く日本

日本列島では毎年のように大きな災害《さいがい》が起きます。阪神《はんしん》・淡路《あわじ》大震災《だいしんさい》や東日本大震《ひがしにほんだいしん》災《さい》などは、多くの被害《ひがい》をもたらしました。

特に東日本大震災では東京電力福島第一原子力発電所で水素爆発《すいそばくはつ》が起き、放射性物《ほうしゃせいぶっ》質《しつ》が飛散。周辺の人たちが避難《ひなん》を余儀《よぎ》なくされ、いまも故郷《ふるさと》に帰れない人たちがいます。東日本大震災は、終わってはいないのです。

さらに今後は「南海トラフの巨大地震《きょだいじしん》」が起きることも心配されています。関東から東海、紀伊半島《きいはんとう》、四国、九州までの広い範囲《はんい》に津波《つなみ》がおそってくる恐《おそ》れもあります。いったい、どうして地震や津波が起きるのでしょうか。

また、台風による強風や大雨も続きます。地球温暖化《ちきゅうおんだんか》が進むと、台風の勢力《せいりょく》が大きくなり、被害も増大《ぞうだい》することが心配されています。地球の温暖化と台風の強大化は、どのような関係にあるのでしょうか。

日本列島は火山列島とも呼《よ》ばれます。日本列島全体では 111 もの活火山が存在《そんざい》しています。このうち 11 の火山は、現在《げんざい》ロシアが支配《しはい》している北方領土《ほっぽうりょうど》に存在していますから、日本の気象庁《きしょうちょう》は、北方領土以外の 100 の火山について調査《ちょうさ》や監視《かんし》をしています。

火山は、噴火《ふんか》すると大きな被害を出す恐れがありますが、過去《かこ》の噴火によって、美しい大自然が形成されたことも事実です。富士山《ふじさん》やその周辺の湖の美しさは、噴火によって生まれたのです。

こうした火山の周辺には温泉地《おんせんち》がありますね。温泉は、火山のマグマによって地下水が温められたものです。つまり、火山があってこそ、わたしたちは温泉を楽しむこともできるのです。

こう考えると、わたしたちは火山との共《きょう》存《ぞん》の方法を探《さぐ》っていくしかありません。

メディアの特性《とくせい》を知ろう

大きな災害《さいがい》が起きたとき、わたしたちはテレビやラジオ、ネットで伝えられる情報《じょうほう》が頼《たよ》りになります。この情報で自分や家族の命を守ることもできるのです。

その一方で、災害が起きると、間違《まちが》った情報やウソの情報も拡散《かくさん》します。とりわけウソの情報は、みんながビックリする内容《ないよう》がふくまれていますから、あわてて他の人に知らせようとする人が多く、あっという間に世の中に広まってしまうのです。

ふだんですと、ウソの情報に振《ふ》り回《まわ》されない冷静な人も、災害が起きると不安になりますから、だまされてしまいがちなのです。

また2020年は新型コロナウイルスの感染拡大《かんせんかくだい》で、日本も世界も大混乱《だいこんらん》しました。未知のウイルスの感染が始まると、わたしたちはとても不安になりますね。その結果、不安につけこむ形でフェイク情報も拡大するのです。

感染症が拡大することを「パンデミック」といいますが、正確《せいかく》でない情報（インフォメーション）も拡大します。こういう状態《じょうたい》は「インフォデミック」と呼《よ》ばれます。

災害が起きると、わたしたちはフェイク情報という別の“災害”にも見舞《みま》われてしまうのです。

では、わたしたちは、こうした2つの“災害”に、どう立ち向かっていけばいいのでしょうか。それを考える材料を提供《ていきょう》しようというのが、この本のシリーズです。

第1巻《かん》では「災害情報とメディアの特《とく》徴《ちょう》」を、第2巻では「防災《ぼうさい》・減災《げんさい》のための災害予測《さいがいよそく》」、第3巻では「災害から命を守る情報収集《じょうほうしゅうしゅう》」を、第4巻では「復興のためのメディア情報」を考えます。

この本のシリーズが、あなたと家族の命を守るお役に立てることを願っています。

巻頭《かんとう》コラム

新聞などの印刷メディアしかない時代に巨《きょ》大《だい》地《じ》震《しん》が発生した!!

大きな地震《じしん》の揺《ゆ》れと、その後の火災《かさい》が被害《ひがい》を大きくした関東大震災《かんとうだいしんさい》

1923 年 9 月 1 日午前 11 時 58 分、現在《げんざい》の東京都・神奈川県・千葉県・埼玉県・茨城県・静岡県などをふくむ広い範囲《はんい》で、巨大地震《きょだいじしん》が発生しました。「関東大震災《かんとうだいしんさい》」と呼《よ》ばれる大地震です。東京周辺は震度 6 の巨大地震で、多くの建物が倒壊《とうかい》しました。また、発生時間がちょうどお昼時であったため、昼食づくりで火を使っていた家庭も多く、あちこちで火災が発生しました。地震そのものの被害《ひがい》ももちろん大きなものでしたが、この火災によってさらに大きな被害が発生してしまったのです。

200 万人近い人々が被災し、死者・行方《ゆくえ》不明者が 10 万人を超《こ》えました。

地震発生の翌日《よくじつ》の新聞には、「東京全市火の海に化す」という見出しが掲載《けいさい》されたほどでした（当時の東京は「東京市」だったからです）。

関東大震災《かんとうだいしんさい》で大きな被害《ひがい》を受けた東京。

■ 情報《じょうほう》メディアは、ほぼ新聞だけ。おそろしいデマが口づてに広がった

今日、情報《じょうほう》メディアは、四大メディアと呼《よ》ばれている新聞・雑誌《ざっし》・ラジオ・テレビに加えてインターネットとさまざまなものがあります。関東大震災《かんとうだいしんさい》が発生した 1923 年当時は、テレビはもちろん、ラジオもまだない時代です (日本でラジオ放送が始まったのは、1925 年のことです)。人々が情報を得《え》る手段《しゅだん》としては、新聞が中心の時代だったのです。

電話はありましたが、ごく限《かぎ》られた場所でのみ使用されているという状況《じょうきょう》で、一般《いっぱん》家庭には普及《ふきゅう》していませんでした。

そのため、災害についての正しい情報を、すばやく人々に伝えるという点では、現在《げんざい》とは比較《ひかく》にならないほど不十分で、どの情報が正しくて、何が間違《まちが》った情報なのかを判断《はんだん》することが難《むずか》しい状況でした。

人々の不安をかき立てるようなデマが人から人へと口づてに広がり、中には、そのデマを信じた人々によって、地震とは無関係の人たちが被害《ひがい》を受けるような事件《じけん》も多数発生したのでした。

上野駅周辺に焼け出された人々が避難《ひなん》している。

関東大震災《かんとうだいしんさい》の時に流されたデマの内容《ないよう》

内閣府《ないかくふ》が、過去《かこ》の災害《さいがい》から教訓を導《みちび》き出《だ》し、これからの防災《ぼうさい》に役立てる目的で、関東大《かんとうだい》震災《しんさい》に関する調査《ちょうさ》を実施《じっし》、報告書《ほうこくしょ》をまとめています（災害教訓の継承《けいしょう》に関する専門《せんもん》調査会『1923 関東大震災 報告書【第 2 編《へん》】』2008 年 3 月）。

それによると、地震の発生直後には「富士山《ふじさん》が大爆発《だいばくはつ》して、今でも噴火《ふんか》している」というデマが発生しています。さらに数時間後には、「外国人が放火をしている」、「井戸に毒《どく》が入れられている」といったデマも流れました。

もちろん、こうした事実はありませんが、不安な中で、十分な情報《じょうほう》が得《え》られないことによって、こうしたデマを信じてしまう人が多数いたのです。

注　意!!!

有りもせぬ事を言いふらすと、処罰されます。

外国人の狂暴や、大地震が再来する、囚人が脱獄したなぞと言い伝えて処罰されたものは多数あります。

時節柄皆様注意して下さい。

警視庁

「外国人があばれている、大地《おおじ》震《しん》がまたくる、などのありもしないことをいいふらすと処罰《しょばつ》されます。実際《じっさい》に処罰された人もいますから注意してください。」という内容のチラシ。

(出典)
当時、警視庁《けいしちょう》が配った
チラシを参考に作成。

第 1 章

災害《さいがい》情報《じょうほう》を理解《りかい》しよう

本書では、災害《さいがい》が発生する前に、より重要で役立つ項目《こうもく》には前を、
災害が起こっている最中に、より重要で役立つ項目には中を、
災害後に、より重要で役立つ項目には後を付けています。

1 災《さい》害《がい》情《じょう》報《ほう》とは何か

災《さい》害《がい》情《じょう》報《ほう》は命に関わる大切なもの

災害情報《さいがいじょうほう》とは、「災害に関するあらゆる情報」を指して使われます。しかし、ひとくちに災害情報といっても、その範囲《はんい》はとても広く、情報量もたいへん多いため、細かく定義《ていぎ》することはできません。

なぜならば、災害が起こった時に発信される情報だけではなく、普段《ふだん》の暮《く》らしの中で見ている天気予報や交通情報なども、場合によっては災害情報になり得《う》るからです。

この本では、災害が起こった時を基準《きじゅん》として、「災害が起こる前」、「災害が起こった時」、「災害が起こった後」にわけて、災害情報を考えることにします。ひとたび災害が発生すると、状況《じょうきょう》は刻々《こっこく》と変化し、必要になる情報も変わっていくことから、時間の経過《けいか》に合わせた災害情報の分類が重要となると考えるからです。

人は災害に巻《ま》き込《こ》まれると、これまでに経験したことのないような状況に放り出され、何が起こったのかを理解《りかい》できずに混乱《こんらん》してしまいます。その状態《じょうたい》の中で、目の前に迫《せま》ってくる危険《きけん》から身を守らなければなりません。そうした時に、災害情報が冷静な行動をするための手助けになるのです。

いざという時の、災害情報を手に入れる方法、正しい使い方を知っておくことは、災害に対する心構《こころがま》えになります。

いつ、どんな災害情報が発信されるのかを順に見ていきましょう。

2019年10月の台風19号の進路予想天気図と、実際《じっさい》の被害《ひがい》の様子

(出典:日本気象協会 tenki.jp)

2019年10月の「台風19号」の予想進路天気図（上）と、実際《じっさい》に被害《ひがい》を受けた長野《ながの》市内の様子（左）。

前

災害《さいがい》発生前の災害情報《じょうほう》
～いざという時のために～

災害《さいがい》が起こる前の災害情報《じょうほう》は、災害が起こっていない時に発信される情報と、災害の発生が差《さ》し迫《せま》った時に発信される情報の２種類にわけることができます。

まず、災害が起こっていない時に発信される情報とは、いつ起こるのかわからない災害に対して知識《ちしき》を深めたり、実際《じっさい》に災害が起こった時の心構《こころがま》えや行動について学んだりする情報といえます。たとえば、毎年９月１日は「防災《ぼうさい》の日」として定められていて、その日をふくむ１週間（8月30日から９月５日まで）は「防災週間」です。

これは、1923年９月１日に発生し、10万人以上の死者・行方《ゆくえ》不明者を出した関東大震災《かんとうだいしんさい》の教訓を忘《わす》れないようにするために定められました。そのため、この１週間にはさまざまなメディアを通じて、災害に対する意識《いしき》を高められるような情報が発信されます。

また、阪神《はんしん》・淡路大震災《あわじだいしんさい》が起こった１月17日、東日本大震災《ひがしにほんだいしんさい》が起こった３月11日などにも、テレビや新聞などで災害に関する情報が発信されることがあります。

さらに、学校で行われる防災訓練をはじめ、家族で災害について話をしたり、避難《ひなん》経路《けいろ》や避難所を確認《かくにん》したりすることも、災害情報のひとつといえます。

インターネットには、災害についてたくさんの情報が掲載《けいさい》されています。その中でも、政府《せいふ》や気象庁《きしょうちょう》、災害を研究する大学などが発表している情報は、災害情報としての信頼性《しんらいせい》が高いので、参考にしましょう。

前

差《さ》し迫《せま》った情報《じょうほう》
“台風の進路予想”

災害《さいがい》の発生が差《さ》し迫《せま》った時に発信される情報《じょうほう》には、「台風の進路予想」や「大雨洪《こう》水《ずい》注意報・警報《けいほう》」、「指定河川《かせん》洪水予報」などがあります。また、避難《ひなん》をうながすための「避難指示」などもあります。

たとえば、台風の進路予想は台風が日本から約300kmまで近付くと予想される場合に気象庁《きしょうちょう》が発表し、それ以降《いこう》３時間ごとに新しい情報が発表されます。

この情報を活用することで、自分が住んでいる地域《ちいき》に被害《ひがい》が出るのか、もし被害が出そうな場合はどのような行動をとるべきなのかを知ることができます。

学校や地域《ちいき》で実施《じっし》される防災訓練《ぼうさいくんれん》や、テレビ番組なども事前の災害情報《さいがいじょうほう》となる。

中 後

災害《さいがい》発生直後の災害情報《じょうほう》
～命を守る行動のために～

実際《じっさい》に災害《さいがい》が起こった時には、どこで、何が、どれくらいの規模《きぼ》で起こったのかを知ることが大切です。そうした情報《じょうほう》をより早く、より正しく知ることで、命を守る行動につなげることができるからです。

たとえば、地震《じしん》が起こった直後に、揺《ゆ》れの強さを予想して警戒《けいかい》をうながす「緊急地《きんきゅうじ》震速報《しんそくほう》」は、災害の発生直後の情報です。

しかし、緊急地震速報が発表されてから揺れが始まるまでの時間は数秒から数十秒程度《ていど》と短く、震源《しんげん》に近い場所では速報が間に合わないこともあります。しかしそれでも、その数秒間で地震に対する心構《こころがま》えができれば、身を守る行動にうつりやすくなるのです。

また、大きな地震が起こった後に、津波《つなみ》が起こるかどうかによって、避難《ひなん》の方法が違《ちが》ってきます。地震のすぐ後に発表される「津波警報・津波注意報」も重要な災害情報です。

津波警報・津波注意報が発表されなければ、火の元を確《たし》かめたり、避難の準備《じゅんび》をしたりすることができます。しかし、津波の警報や注意報が発表された場合は、今よりも高い場所にすみやかに避難する必要があります。

●災害《さいがい》の情報《じょうほう》は最新じゃないとキケン!!

東日本大震災《ひがしにほんだいしんさい》が起こったのは、2011年3月11日午後2時46分でした。そして、その3分後に気象庁《きしょうちょう》は、岩手県・宮城県・福島県に「津波警報《つなみけいほう》」を、北海道太平洋沿《えん》岸《がん》中部、青森県太平洋沿岸、茨城県、千葉県九十九里《くじゅうくり》・外房《そとぼう》、伊豆諸島《いずしょとう》に「津波注意報」を発表し、これは、テレビや携帯《けいたい》電話などを通じて一斉《いっせい》に伝達されました。

しかし、最初の警報は、実際《じっさい》の規模《きぼ》より小さく判断《はんだん》してしまったのです。その結果、適切《てきせつ》な場所に避難《ひなん》できなかった人もいました。たとえば岩手県と福島県では3mの津波という情報でしたので、2階以上に避難すれば大丈夫《だいじょうぶ》と考えてしまった人もいたようです。ところが実際には、岩手県宮《みや》

■最初（上）および25分後（下）の津波警報

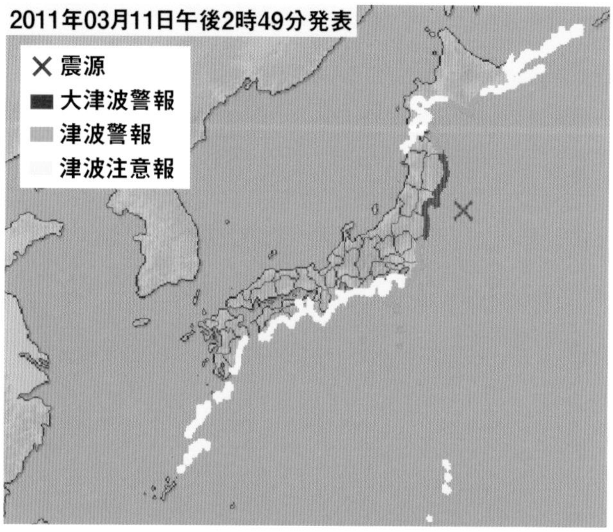

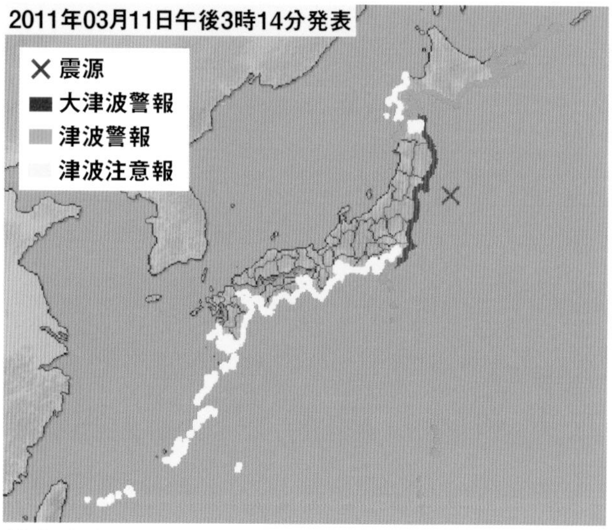

（出典：気象庁ホームページの画像を参考に作成）

古《こ》は 8.5m 以上、福島県相馬《そうま》は 9.3m 以上の津波におそわれたのです。

また、「警報」と「注意報」の違《ちが》いがわかりにくかったことも考えられます。

警報や注意報は、第一報から、地域《ちいき》の範囲《はんい》や津波の高さが数度にわたり修正《しゅうせい》され、3月 13 日午後 5 時台に解除《かいじょ》されるまで合計 11 回の発表が行われました。

その最新情報を聞いていた人、知ることができた人の中には、より高台へと避難できた人もいますし、第一報の情報だけでもとにかくできるだけ高い所へと避難した人もいました。

災害時の情報は時々刻々《じじこっこく》と変化していくものであるということを知っていることはとても大切です。

今、自分のいる場所が大丈夫であったとしても、その後状況《じょうきょう》の変化により危険《きけん》が迫《せま》ってくるかもしれませんし、当初発表された予測《よそく》よりもさらに大きな災害となっている可能性《かのうせい》もあるのです。

後

災害《さいがい》発生後の災害情報《じょうほう》 ～生活を取《と》り戻《もど》すために～

災害《さいがい》が起こった時から 3 日間程度《ていど》は、身を守るための情報《じょうほう》がとても重要です。

しかし、4 日から 1 週間程度の時間が経《た》つと、被害《ひがい》の状況《じょうきょう》なども徐々《じょじょ》にわかりはじめ、電気、ガス、水道、通信などの復旧《ふっきゅう》も一部で始まります。そのため、これからどのように生活を取《と》り戻《もど》していくかといった情報が中心になります。

この時期に入ると、家族や友人などの無事を確認《かくにん》するための安否《あんぴ》情報が増《ふ》えていきます。また、水や食べ物の配給、避難所《ひなんじょ》での生活の仕方、治療《ちりょう》が受けられる病院、治安に関する情報なども必要になってきます。

その一方で、被災地以外の地域《ちいき》では復興《ふっこう》支援《しえん》やボランティアの情報なども出てきます。

● 被災時《ひさいじ》の水や食べ物の情報《じょうほう》をどのように入手するか

東日本大震災《ひがしにほんだいしんさい》で被災《ひさい》した地域《ちいき》では、どこでガソリンが手に入るかという情報《じょうほう》がとても重要になりました。

津波《つなみ》でガソリンスタンドがこわされただけではなく、ガソリンをつくる製油所《せいゆじょ》そのものが被害を受けたこと、道路や線路なども被害を受けていたために、ガソリンを現地《げんち》に運ぶこともできず、ガソリンの入手が難《むずか》しくなったからです。

東日本大震災のように、いくつもの県や地域をまたいで被害が起こると、それまでは当たり前に手に入ったものが手に入らなくなるため、水や食べ物、ガソリンといった物資《ぶっし》の情報が求められるのです。

このような時は、地元自治体や地域のラジオ・テレビなどの情報に接するようにすることが大切です。また、メールや SNS《エスエヌエス》などによる個人《こじん》の発信する情報も重要な情《じょう》報源《ほうげん》となることがあります。ただし、発信元不明な情報には注意しつつ、家族や友達との情報伝達方法を用意しておくことが大切です。

前 後

災害《さいがい》発生後の災害情報《じょうほう》
～災害の教訓を生かすために～

災害《さいがい》が起こってから1、2か月ほど経過《けいか》し、被災地《ひさいち》にある程度《ていど》の落ち着きが戻《もど》ると、生活の立て直し、都市や産業の復旧《ふっきゅう》・復興《ふっこう》に関する情報《じょうほう》に移《うつ》っていきます。

たとえば、利用できる飲食店や美容院《びよういん》、銭湯《せんとう》などの情報に加え、仮設住宅《かせつじゅうたく》に関する情報が増《ふ》えていきます。避難《ひなん》生活のストレスを少しでも和《やわ》らげられる情報や、今後の生活に関わる情報が求められるからです。

さらに時間が経《た》つと、復旧・復興の情報が中心になります。全国放送のテレビやラジオからは災害情報が少なくなっていきますが、地域密着《ちいきみっちゃく》のメディアが引き続き災害情報を伝えていきます。こうした時期を「復旧期・復興期」といいます。

● 復興《ふっこう》のシンボル“さんてつ”

東日本大震災《ひがしにほんだいしんさい》の復興期《ふっこうき》には、被災地《ひさいち》を勇気づける情報《じょうほう》もたくさん発信されました。

そのひとつが、三陸鉄道《さんりくてつどう》の復興です。岩手県の沿岸部《えんがんぶ》を約100kmにわたって走る三陸鉄道は、古くから地元の人や観光客の足となり、“さんてつ”の愛称《あいしょう》で親しまれてきました。

しかし、津波《つなみ》によって線路や駅が大きな被害を受け、鉄道を走らせることは厳《きび》しい状態《じょうたい》になりました。ところが、地震の発生からわずか5日後には一部の路線で運転を再開《さいかい》し、復興のシンボルとなったのです。そして、3年後の2014年4月には全線で運行を再開しています。

こうした現地《げんち》の情報は、時間が経《た》つにつれて、被災地以外の地域《ちいき》に発信されることが少なくなっていきます。

しかし、災害後の災害情報としてメディアが取り上げることで、災害の体験や教訓を今後の対策《たいさく》に生かすことができます。「天災は忘《わす》れたころにやってくる」ことを忘れないためにも、こうした災害情報の発信が大切なのです。

■地震発生後5日で一部運転を再開、復興《ふっこう》のシンボルになった“さんてつ”

がれきの中を走る“さんてつ”
(2011年4月6日撮影)

復興《ふっこう》が進む街を走る“さんてつ”
(2019年2月18日撮影)

2 災《さい》害《がい》情《じょう》報《ほう》の伝わり方

災《さい》害《がい》情《じょう》報《ほう》は 公《おおやけ》の機関の情報を優《ゆう》先《せん》

災害《さいがい》が起こると、正しい情報《じょうほう》、未確認《みかくにん》の情報、デマやフェイクニュースなどもふくめて、たくさんの情報がさまざまなメディアから発信されます。災害情報は人の命に関わるもののため、できるかぎり正しい情報を手に入れなければなりません。

災害情報を入手する時は、政府《せいふ》や自治体、気象庁《きしょうちょう》といった公《おおやけ》の機関の情報を優《ゆう》先《せん》しましょう。それらの機関には、災害の規模《きぼ》、被害《ひがい》の状況《じょうきょう》、今後の対応《たいおう》といった詳《くわ》しい災害情報が、さまざまな場所から集まってきます。そうした情報を、災害の専《せん》門家《もんか》たちが分析《ぶんせき》して、適切《てきせつ》だと思われるものを発信しているため、情報の信頼性《しんらいせい》が高いからです。

災《さい》害《がい》情《じょう》報《ほう》はどう届《とど》く？ どう集める？

災害情報《さいがいじょうほう》は、対象となるすべての人に伝わることが求められます。そのため、政府《せいふ》や自治体はいろいろな情報伝達の仕組みを整備《せいび》・改善《かいぜん》しています。

こうした仕組みを「PUSH（プッシュ）型《がた》」の伝達手段《しゅだん》といいます。自分は何もしなくても、情報が送られてくるものです。たとえば、「緊急《きんきゅう》速報メール」、「防災《ぼうさい》行政無線」などがPUSH型です。

しかし、それだけでは細かい情報は得《え》られないため、「PULL（プル）型」の手段も必要です。これは、政府や自治体のホームページ、四大メディアなどを使って自ら情報を集めるのです。災害情報の入手には、この両方を使うことが大事です。

PUSH（プッシュ）型《がた》は 向こうから情報《じょうほう》が来る

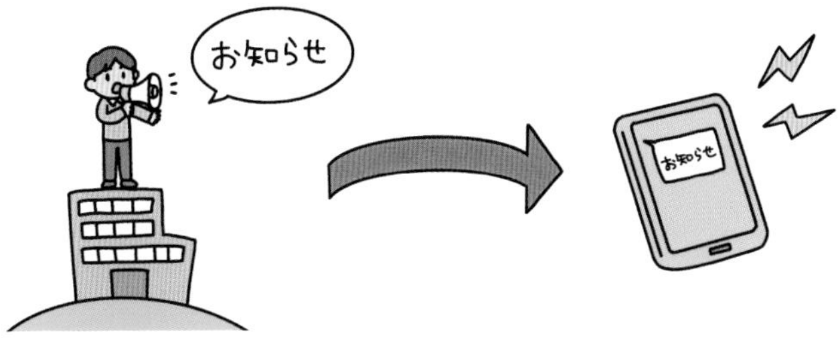

PULL（プル）型《がた》は 自分で情報《じょうほう》をとりにいく

中

知ったら即行動《そくこうどう》！ 地震《じしん》・津波《つなみ》の災害情報《さいがいじょうほう》

地震《じしん》や津波《つなみ》が起こると、気象庁《きしょうちょう》がすみやかにその発表を行い、テレビやラジオ、インターネットなどのメディアを通じて、その情報《じょうほう》が伝達されます。

● 緊急地震速報《きんきゅうじしんそくほう》でまず身を守る！

強い揺《ゆ》れが予想される場合に「緊急地震《きんきゅうじしん》速報《そくほう》」が発表されます。これには「警報《けいほう》」と「予報」があります。

警報は、最大震度5弱以上の強い揺れが予想される場合に、震度4以上が予想される地域《ちいき》に対して、テレビやラジオ、スマートフォンを通じて一斉《いっせい》に放送・配信されます。

また、予報については、震度3以上またはマグニチュード3.5以上が予想される場合に発表されます。

緊急地震速報の受信から、揺れの発生までは長くても数十秒程度《ていど》です。受信したら、すぐに身を守る行動をとりましょう。

その後、地震が起こってから約1分半で、地震の規模《きぼ》や震源《しんげん》、各地の震度などの「震度速報」が発表されます。

● 揺《ゆ》れを感じたら津波《つなみ》を警戒《けいかい》！

津波《つなみ》については、地震《じしん》が起こってから約3分で「大津波警報《けいほう》・津波警報・津波注意報」が発表され、津波の高さや津波がやってくる時刻《じこく》の予想などが伝達されます。

しかし、こうした警報・注意報は、地震の規模《きぼ》や震源《しんげん》によっては、津波の到来《とうらい》に間に合わない場合があります。また、沿岸《えんがん》の地形によっては、予想よりも津波が高くなることもあります。

強い揺《ゆ》れや弱くても長い揺れを感じた時は、警報・注意報を待たずに避難《ひなん》を開始しましょう。また、“ここなら安心だ”と思わずに、より高い場所を目指して行動しましょう。

津波は長い時間にわたって、くり返しやってきます。警報・注意報が解除《かいじょ》されるまでは避難を続け、沿岸には近付かないようにしましょう。

■ 緊急地震速報《きんきゅうじしんそくほう》が届《とど》くまでの流れ

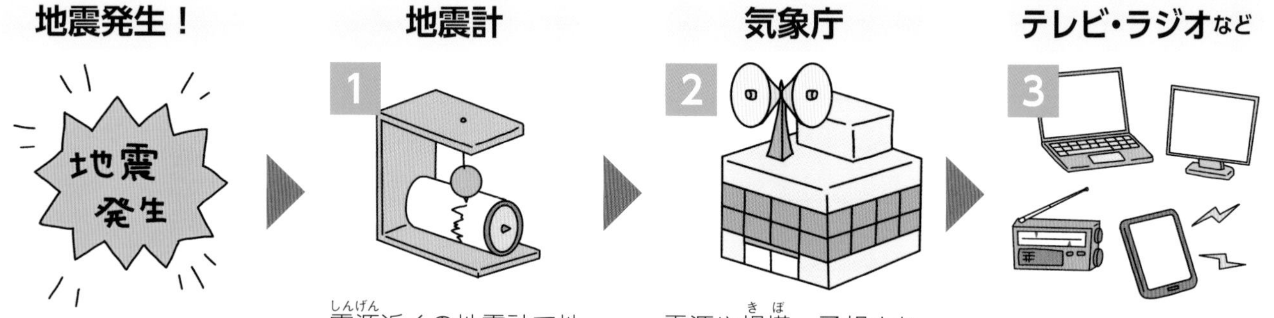

震源《しんげん》近くの地震計で地震波をキャッチ！

震源や規模《きぼ》、予想される揺《ゆ》れの強さ（震度）等を自動計算し、緊急《きんきゅう》地震速報《じしんそくほう》を発表！

地震による強い揺れが始まる前にすばやくお知らせ！

中

危険度《きけんど》に合わせて避難《ひなん》！ 台風・洪水《こうずい》の災害情報《さいがいじょうほう》

台風や大雨によって、河川《かせん》の氾濫《はんらん》や土砂《どしゃ》くずれが予想される場合、気象庁《きしょうちょう》は「大雨特別警報《けいほう》・大雨警報・大雨注意報」、「暴風《ぼうふう》特別警報・暴風警報・強風注意報」や、「洪水《こうずい》警報・洪水注意報」、「土砂災害警戒《さいがいけいかい》情報《じょうほう》」などを発表します。

こうした情報を元に、被害《ひがい》が起こりそうな地域《ちいき》の自治体が、災害の危険度《きけんど》を示《しめ》す警戒レベル（5段階《だんかい》）とあわせて「避難《ひなん》情報」を発令します。この情報は、テレビやラジオ、インターネット、公式Twitter（ツイッター）、防災行政《ぼうさいぎょうせい》無線や広報車などを通じて、以下のように伝達されます。

警戒《けいかい》レベル3 高齢者等避難《こうれいしゃとうひなん》

避難《ひなん》に時間がかかる高齢者《こうれいしゃ》や障害《しょうがい》のある人などが避難をはじめる段階《だんかい》です。

また、河川《かせん》が氾濫《はんらん》しそうな地域《ちいき》や土砂《どしゃ》くずれのおそれがある場所に住んでいる場合も、この段階で避難を始めます。

警戒《けいかい》レベル4 避難指示《ひなんしじ》

災害《さいがい》が発生する可能性がかなり高まっていることを知らせる情報《じょうほう》です。この避難指《ひなんし》示《じ》が発令されたら、危険《きけん》な場所にいる人は全員すみやかに避難しましょう。

警戒《けいかい》レベル5 緊急《きんきゅう》安全確保

災害《さいがい》がすでに発生している、または目の前に迫《せま》っていることを伝える情報《じょうほう》です。この段階《だんかい》では、避難《ひなん》場所などに避難することが難《むずか》しい場合があるため、今いる状況《じょうきょう》に応《おう》じて安全を確保しましょう。

警戒《けいかい》レベル3、4、5が発令されたら、全員での避難《ひなん》または状況《じょうきょう》に応じた安全確保を開始しなければいけません。

なお、警戒レベル3〜5は、2021年夏ごろの法改正で変更《へんこう》される予定の内容《ないよう》です。これまでの警戒レベルの名称《めいしょう》では、住民にわかりにくい面があったことを改善《かいぜん》するねらいがあります。たとえば、警戒レベル3は、これまで「避難準備《じゅんび》・高齢者等避難開《こうれいしゃとうひなんかい》始《し》」という名称でしたが、最初に「避難準備」という言葉があるため、“まだ実際《じっさい》の避難は必要ない”と判断《はんだん》する人が多く、必要な高齢者の避難も遅《おく》れがちだったといわれています。

避難情報《ひなんじょうほう》は、防災《ぼうさい》無線や自治体の広報車《こうほうしゃ》、さらにはラジオ・テレビから入手する。

中

場所に適《てき》した行動を！火山噴火《ふんか》の災害情報《さいがいじょうほう》

噴火《ふんか》にともなって大きな噴石《ふんせき》や火砕流《かさいりゅう》などが発生し、人の命や建物への被害《ひがい》が予想される場合に、気象庁《きしょうちょう》は「噴火警報《けいほう》・予報」を発表します。これは、全国111の活火山のうち、北方領土《ほっぽうりょうど》にある11を除《のぞ》いた100の火山を対象に行われます。

気象庁が発表した警報・予報は、メディアや自治体などの機関にただちに通知され、テレビやラジオ、緊急《きんきゅう》速報メール、防《ぼう》災行政《さいぎょうせい》無線や消防車両の見回りなどを通じて、被害《ひがい》のおそれがある地域《ちいき》に伝達されます。

● 噴火警報《ふんかけいほう》が発令されたら警戒《けいかい》！

噴火警報《ふんかけいほう》は、警戒《けいかい》が必要な範囲《はんい》に応《おう》じて、「火口周辺警報」、「噴火警報（火口周辺）」、「噴火警報」、「噴火警報（居住地域《きょじゅうちいき》）」の順に、警戒のレベルが高くなります。

この時、警戒レベルに応じてとるべき防《ぼう》災《さい》対応を5段階《だんかい》にわけて発表する「噴火警戒レベル」が運用されている火山では、右表のように、「火口周辺規制《きせい》」、「入山規制」、「避難準備《ひなんじゅんび》」、「避難」の行動が求められます。

噴火警戒レベルが運用されていない火山もありますが、噴火特別警報・噴火警報が発令された場合は、警戒をしましょう。海底火山については「噴火警報（周辺海域）」として発表されます。

また、都市にいる時とは違《ちが》って、登山中はスマートフォンなどの電波が通じない場所や、防災行政《ぎょうせい》無線が聞こえづらい場所があるため注意が必要です。もし異変《いへん》を感じた場合は、もっとも近い山小屋に避難するなどの行動をとりましょう。

● 噴火《ふんか》による降灰予報《こうはいよほう》は3段階《だんかい》

噴火《ふんか》によっては空から火山灰《かざんばい》が降《ふ》ってくることがあります。これを「降灰《こうはい》」といいます。降灰は降り積もる量に応《おう》じてさまざまな被害《ひがい》をもたらします。たとえば、車両のエンジンやエアコンのフィルターの目づまりや、人体への健康被害もあります。

そのため、気象庁《きしょうちょう》では噴火警報《けいほう》が発表されている火山において、被害が発生しそうな降灰が予想される場合に、降灰予報を発表します。

降灰予報は、噴火前の「降灰予報（定時）」、噴火直後の「降灰予報（速報）」、噴火後の「降灰予報（詳細《しょうさい》）」の3段階《だんかい》にわけられます。この降灰予報で、いつ、どの地域《ちいき》に、どのくらいの量が積もるのかを知ることができます。

■噴火警報《ふんかけいほう》のレベルなど

種別	名称《めいしょう》	対象範囲《たいしょうはんい》	噴火警戒《ふんかけいかい》レベルと取るべき防災《ぼうさい》行動
特別警報《けいほう》	噴火警報（居住地域）または噴火警報	居住地域《きょじゅうちいき》およびそれより火口側	レベル5 避難《ひなん》
			レベル4 避難準備《じゅんび》
警報	噴火警報（火口周辺）または火口周辺警報	火口から住居地域近くまで	レベル3 入山規制《きせい》
		火口周辺	レベル2 火口周辺規制
予報	噴火予報	火口内等	レベル1 平常《へいじょう》

（出典：気象庁ホームページを参考に作成）

第 2 章

災《さい》害《がい》のメカニズムを知ろう

1 災害《さいがい》とは何か

安心して暮《く》らせる社会がこわされること

日本は、周りを海に囲《かこ》まれ、陸地の約7割《わり》に森林が広がる、自然が豊《ゆた》かな国です。そのため、自然の恵《めぐ》みをたくさん受けることができますが、自然による災害《さいがい》が起こりやすいという特徴《とくちょう》もあります。

特に、近年では地震《じしん》や台風、大雨などが全国各地で何度も起こり、大きな被害《ひがい》が出ています。こうした災害が世界の国の中でも多いことから、日本は「災害大国」ともいわれています。しかし、あらためて考えてみると、災害とは一体何でしょうか。

災害対策基本法《たいさくきほんほう》（1961年制定《せいてい》）では、災害とは「暴風《ぼうふう》、竜巻《たつまき》、豪雨《ごうう》、豪雪、洪水《こうずい》、がけくずれ、土石流、高潮《たかしお》、地震《じしん》、津波《つなみ》、噴火《ふんか》、地滑《じすべ》りその他の異常《いじょう》な自然現象《げんしょう》または大規模《だいきぼ》な火事もしくは爆発《ばくはつ》その他そのおよぼす被害の程度《ていど》においてこれらに類する政令《せいれい》で定める原因《げんいん》により生ずる被害」と定められています。

つまり災害は、自然現象によって起こったものであっても、人が引き起こしたものであっても、普通《ふつう》では考えられない大きな力が加わることによって、人の命や財産《ざいさん》、安心して暮《く》らせる社会の仕組みなどがこわされてしまうことを意味します。

また、人がいない場所、何も人工物がない場所で大きな地震が起こった場合は、なにも被害がなければ、一見災害でないようですが、森林が大きく失われたりすれば、温暖化《おんだんか》など、地球規模の悪影響《あくえいきょう》につながることもあるので、これもやはり「災害」といえます。

災害《さいがい》は忘《わす》れたころにやってくる

日本の歴史《れきし》に初めて「災害《さいがい》」として記録されているのは、599年に奈良《なら》県北部で起こった地震《じしん》です。これは、720年に完成した『日本書紀《にほんしょき》』に書かれています。詳《くわ》しい情報《じょうほう》はわかりませんが、建物が倒《たお》れて被害《ひがい》が出たことが記されています。

それよりも古く、記録に残っていない災害もあるだろうと考えると、日本人ははるか昔から災害に苦しめられ、その度《たび》に立ち直ってきたに違《ちが》いありません。

明治《めいじ》時代に生まれた物理学者で、地震学や気象学《きしょうがく》などの研究もしていた寺田寅彦《てらだとらひこ》（1878～1935）は、『天災と国防《こくぼう》』という本の中で「天災は忘《わす》れたころにやってくる」という意味の文章を書いています。この教訓は災害に対する心構《こころがま》えとして、今日まで語《かた》り継《つ》がれています。

災害大国に住むわたしたちには、常《つね》に災害に備《そな》える心構えが必要なのです。

災害《さいがい》には3つの種類がある

「災害《さいがい》」と聞くと、地震《じしん》や台風などを思《おも》い浮《う》かべるかもしれません。

しかし、災害は何が原因《げんいん》となって起こったのかによって、大きく３つにわけられます。それが「人為《じんい》災害」、「特殊《とくしゅ》災害」、「自然災害」です。それぞれ、どのような災害がふくまれているのか見ていきましょう。

人が引き起こす 人為災害《じんいさいがい》

人為災害《じんいさいがい》の「人為」とは、「人が為（な）す」という意味の言葉で、人間が何かの行為をすることを指します。つまり、人為災害とは、人がしたことが原因《げんいん》となって起こる災害のことです。さらに、その原因によって次のように細かく分類されることがあります。

● 都市災害《さいがい》

建物などの「火災《かさい》」、排気《はいき》ガスなどで空気が汚《よご》れる「大気汚染《おせん》」、工場や家庭から出る水で河川《かせん》などが汚れる「水質汚濁《すいしつおだく》」、騒音《そうおん》や悪臭《あくしゅう》なども都市災害といわれます。

主に人口が多い場所、施設《しせつ》が集中している都市で起こりやすい災害です。

● 交通災害《さいがい》

普段《ふだん》の暮《く》らしの中で発生しやすく、だれもが被害《ひがい》を受けるおそれのある災害です。

自動車などの交通事故《じこ》、電車や飛行機、船などの事故も交通災害に分類されます。

● 産業災害《さいがい》

建築現場《けんちくげんば》や工場、鉱山《こうざん》などで起こる災害《さいがい》です。たとえば、建物を建てる時に使われるクレーンが倒《たお》れてけがをしたり、工場で有害な物質《ぶっしつ》を吸《す》い込《こ》んで病気になったりすることです。働いている時に起こることが多いため、労働災害ともいわれます。

また、建物の設計《せっけい》がいいかげんだったり、建ててからの管理《かんり》が不十分であったりして起こる災害や、機械の誤《あやま》った操作《そうさ》で起こる災害を「管理災害」と呼《よ》びます。

火事（都市災害）や交通事故（交通災害）、工場での事故（産業災害）なども、災害のひとつといえる。

特別なようで身近な 特殊災害《とくしゅさいがい》

特殊災害《とくしゅさいがい》とは、人や社会に害をもたらす放射性物質《ほうしゃせいぶっしつ》や生物剤《せいぶつざい》、化学剤などによって引き起こされる災害のことをいいます。

人為《じんい》災害と同じように、何が原因《げんいん》になったのかによって、次のようにわけられています。また、英語の頭文字《かしらもじ》をとって「CBRNE（シーバーン）」とも呼《よ》ばれます。

● Chemical（化学）

化学工場などの事故《じこ》によって、有害な物《ぶっ》質《しつ》がもれ出て起こる災害です。また、化学兵器が使われた場合もふくまれます。

● Biological（生物）

細菌《さいきん》やウイルスなどによって起こる、感《かん》染症《せんしょう》などの災害《さいがい》です。化学と同じように、生物兵器が使われた場合もふくまれます。

● Radiological（放射性物質《ほうしゃせいぶっしつ》）

原子力発電所の事故《じこ》などによって、放射《ほうしゃ》性物質《せいぶっしつ》がもれ出て起こる災害《さいがい》です。

● Nuclear（核《かく》）

核兵器《かくへいき》が使われることによる災害《さいがい》です。

● Explosive（爆発《ばくはつ》）

重化学工場などの事故《じこ》、テロリストなどによる攻撃《こうげき》などを問わず、爆発《ばくはつ》が原因《げんいん》となって起こる災害《さいがい》を指します。

こうした特殊災害の事例を、普段《ふだん》の暮《く》らしの中で聞くことは少ないかもしれません。しかし、Chemical（化学）については、1995年にオウム真理教によって引き起こされた「地下鉄サリン事件《じけん》」があり、Radiological（放射性物質）においても、2011年に発生した東日本大震災《ひがしにほんだいしんさい》の津波《つなみ》によって「福島《ふくしま》第一原子力発電所事故《じこ》」が起こっています。Explosive（爆発《ばくはつ》）に関しても、海外の国では爆弾《ばくだん》を使ったテロ事件などがしばしば起こっています。

また、Biological（生物）には、毎年のように流行するインフルエンザや、2020年に発生した新型《しんがた》コロナウイルス（COVID-19）感染症《かんせんしょう》による被害《ひがい》などもふくまれるため、自分にまったく関わりがないこととはいえないのです。

■福島《ふくしま》第一原発で放射性物質《ほうしゃせいぶっしつ》がもれ出た

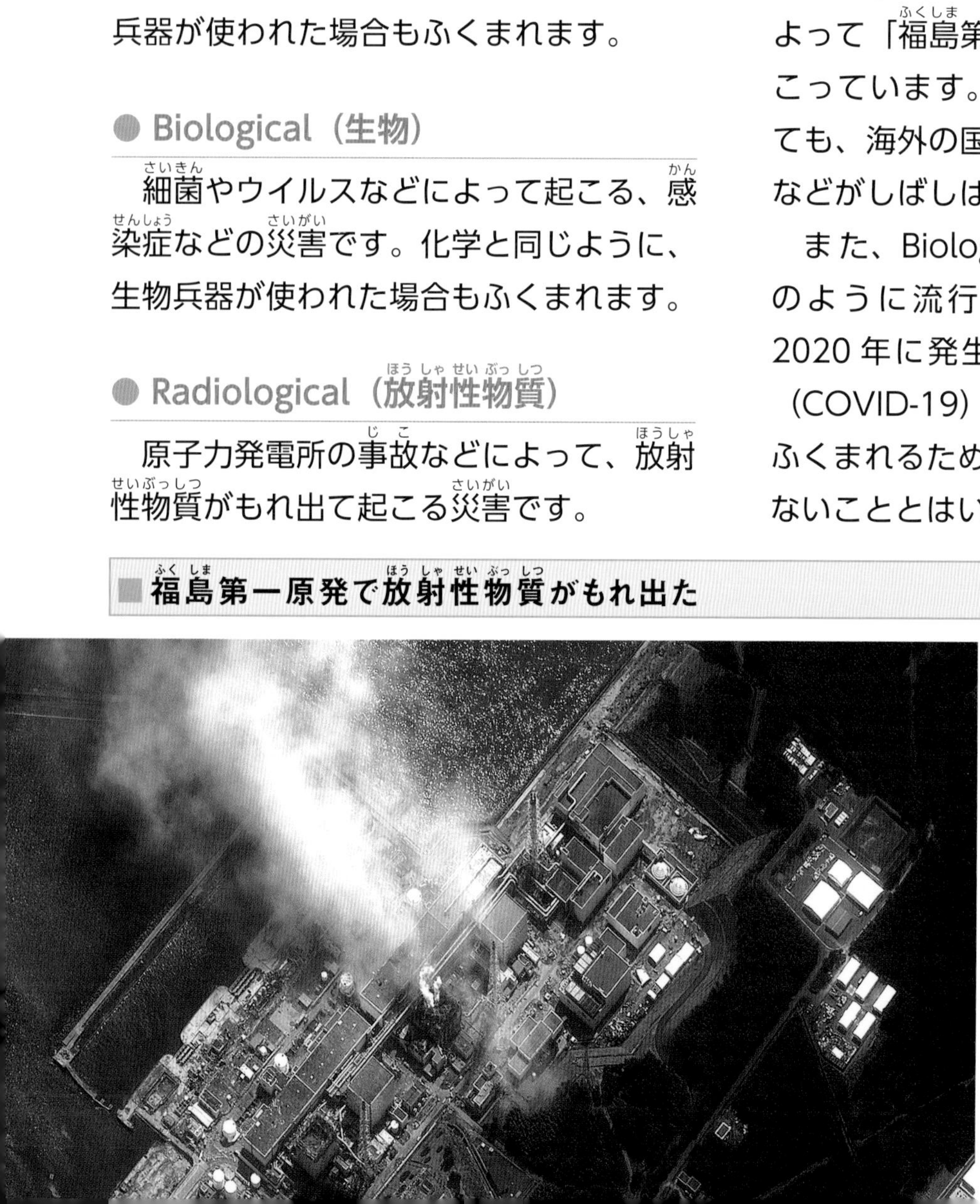

東日本大震災《ひがしにほんだいしんさい》による津波《つなみ》の影《えい》響《きょう》で、福島《ふくしま》第一原発に事故《じこ》が発生し、放射性物質《ほうしゃせいぶっしつ》がもれ出てしまった。

くり返しおそってくる
自然災害《さいがい》

自然災害《さいがい》は、人の命や社会の仕組みに被《ひ》害《がい》を加える異常《いじょう》な自然現象《げんしょう》によって引き起こされる災害のことで、地震《じしん》、津波《つなみ》、高《たか》潮《しお》、台風、大雨、洪水《こうずい》、暴風《ぼうふう》、豪雪《ごうせつ》、噴火《ふんか》などが挙げられます。その中でも、特に大きな被害をもたらした自然現象については、気象庁《きしょうちょう》で名称《めいしょう》が定められます。

たとえば、1959 年に愛知県と三重県に面する伊勢湾《いせわん》を中心に被害をもたらした台風 15 号による死者・行方《ゆくえ》不明者の数は、5098 人にも上りました。この災害は「伊《い》勢湾台風《せわんたいふう》」と名付けられ、日本の防災《ぼうさい》に対する考え方を変えるきっかけとなりました。

長崎県の雲仙岳《うんぜんだけ》では、1990 年 11 月から1995 年 2 月までの間に 50 回ほども土石流・火砕流《かさいりゅう》が発生しました。これらの噴火活動は「平成大噴火《へいせいだいふんか》」とも呼《よ》ばれており、周辺地域《ちいき》に大きな被害をもたらしました。

また、広島県、愛媛県、岡山県などの広い範囲に被害をもたらした 2018 年の大雨は「平成《へいせい》 30 年 7 月豪雨《ごうう》」と呼ばれています。

気象庁とは別に、政府《せいふ》が名称を付けることもあります。たとえば、1995 年に兵庫県の南部で起こった地震を、気象庁は「平《へい》成《せい》 7 年（1995）兵庫県南部地震《ひょうごけんなんぶじしん》」、政府は「阪神《はんしん》・淡路大震災《あわじだいしんさい》」と名付けています。また、2011 年に東北地方の太平洋沖《たいへいようおき》で発生した地震を、気象庁は「平成《へいせい》 23 年（2011 年）東北地方太平洋沖地震《とうほくちほうたいへいようおきじしん》」、政府は「東《ひがし》日本大震災《にほんだいしんさい》」と名付けています。

気象庁では「自然現象そのもの」を指して名称を付けますが、政府は自然現象によって引き起こされた「災害」に名称を付けているという違《ちが》いがあります。

こうした名称が付けられると、どの災害を指《さ》し示《しめ》しているのかがはっきりするため、政府や自治体など、災害に対応《たいおう》する機関が動きやすくなります。

また、わたしたちひとりひとりも、災害の経験《けいけん》をだれかに話しやすくなったり、災害に対する意識《いしき》を持つきっかけになったりするため、とても重要なことなのです。

次のページからは、自然災害や特殊災害の感染症《かんせんしょう》は、どのような仕組みで起こり、どのような被害をもたらすのかを詳《くわ》しく見ていきます。

■1993年7月の雲仙《うんぜん》・普賢岳《ふげんだけ》噴火《ふんか》の様子

2 自然災害《さいがい》 =地震《じしん》= 世界の約10%の地震が、日本とその周辺で起こっている!

地震《じしん》の原因《げんいん》は地球の“ひずみ”と“ずれ”

日本の面積は、地球の陸地の 1% もありませんが、世界で発生する地震《じしん》の約 10% が、日本とその周辺で起こっているといわれています。

気象庁《きしょうちょう》の資料「平成《へいせい》 31 年 / 令和《れいわ》元年 (2019 年) の地震活動について」によると、2019 年の 1 年間で、被害《ひがい》が出た地震が 6 回、最大震度 5 弱以上の地震が 9 回、最大震度 4 以上の地震が 40 回、震度 1 以上の地震は 1564 回も起きています。

「震度」とは、地震の揺《ゆ》れの強さを指す言葉で、震度 0、1、2、3、4、5 弱、5 強、6 弱、6 強、7 の 10 段階《だんかい》で示されます。また、地震の規模《きぼ》には「マグニチュード」、地震が起こった場所には「震源《しんげん》」という言葉が使われます。

そもそも、地震とは地中の特定の場所にたまった「ひずみ」が限界《げんかい》に達した時に発生する、揺れのことをいいます。

地球の表面は、大小十数枚《まい》にわかれたプレート（厚《あつ》さ数 10 ～ 200km ほどの岩盤《がんばん》）でおおわれています。そして、このプレートは地球の内部にあるマントルの働きによって、それぞれが別々の方向に年間数 cm ほど動いています。

その際《さい》、プレートとプレートがぶつかり合ったり、片方《かたほう》のプレートがもう一方の下に沈《しず》み込《こ》んだりすることでひずみがたまり、その力にプレートが耐《た》えられなくなると跳《は》ね上《あ》がったり、ずれたりして大きく動きます。その時の動きが揺れとなり、地震となっていくのです。

地震《じしん》はプレートで発生する

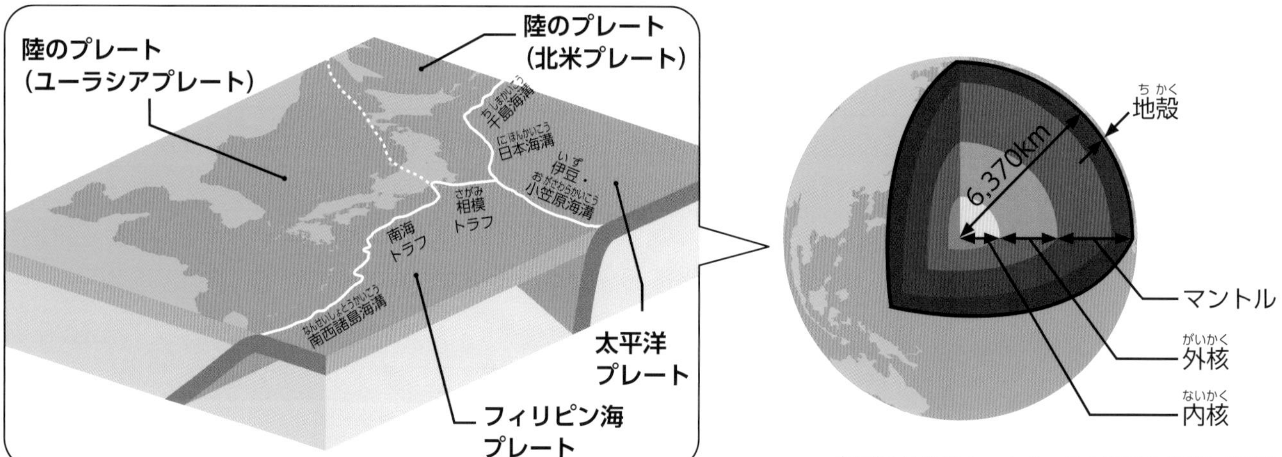

（出典：気象庁ホームページの画像を参考に作成）

なぜ日本には地震《じしん》が多い？

日本は、陸のプレートである「ユーラシアプレート」、「北米プレート」と、海のプレートである「太平洋プレート」、「フィリピン海プレート」の境《さかい》に位置しています。

4枚《まい》ものプレートが動いてたくさんのひずみがたまっていくため、日本とその周辺では地震《じしん》が起こりやすいのです。

また、地震が起こるとたまっていたひずみはなくなりますが、プレートは同じ動きを続けているため、地震は一定の期間を空けてくり返《かえ》し発生します。

日本とその周辺で発生する地震は、主に3つのタイプがあります。

1つ目は、「プレート境界《きょうかい》で起こる地震」です。これは、海のプレートが陸のプレートの下に沈《しず》み込《こ》む時に陸のプレートを引きずり込むため、その力に耐《た》えられなくなった陸のプレートが、跳《は》ね上《あ》がって元の形に戻《もど》ろうとして起こる地震です。三陸沖《さんりくおき》で起こった、東日本大震災《ひがしにほんだいしんさい》がこのタイプです。

2つ目の「プレート内で起こる地震」は、海のプレートの内部に力が加わることで起こります。1994年に起こった北海道《ほっかいどう》東方沖地震が、このタイプにふくまれます。

3つ目は「内陸の活断層《かつだんそう》で起こる地震」で、陸のプレートの内部に力が加わることで起こります。活断層とは、これまでにも地震を起こし、この先も地震を起こすおそれのある断層（地層のずれ）のことです。熊本《くまもと》地震がこのタイプです。

内陸の活断層で起こる地震は、プレート境界で起こる地震と比《くら》べて小さい規模《きぼ》になりますが、人が住んでいる場所で起こることもあるため、被害《ひがい》は大きくなる場合があります。

知っておきたい 地震《じしん》のおそろしさ

都市部では、地震《じしん》に弱い建物が倒《たお》れて人が下敷《したじ》きになったり、ビルの窓《まど》ガラスが割《わ》れ、落ちてきてけがをしたりします。食事の時間帯に地震が起こると、料理の火が燃《も》え移《うつ》って火災《かさい》が発生しやすくなります。また、避難《ひなん》する時にも人や自動車が集中し、避難しにくくなることも予想されます。

山間部では、土砂《どしゃ》くずれの発生も考えられますし、震源《しんげん》から遠《とお》く離《はな》れた場所でも、液状化現象《えきじょうかげんしょう》が起こることがあります。液状化現象とは、柔《やわ》らかい砂《すな》の地域《ちいき》に強い揺《ゆ》れが加わることで、地層《ちそう》が液体状になる現象です。

大きな地震が発生すると、電気、水道など生活に必要なライフラインが止まってしまうこともあるのです。

■阪神《はんしん》・淡路《あわじ》大震災《だいしんさい》で押《お》しつぶされた神社

3 自然災害《さいがい》 =津波《つなみ》=
わずか30㎝でも危険！

海水がまるごと 巨大《きょだい》な波になる津波《つなみ》

海底よりも深い場所で地震《じしん》が発生すると、その力によって海底そのものが持ち上げられたり、押《お》し下《さ》げられたりします。すると、海底から海面までの広い範囲《はんい》の大量の海水が動き、巨大《きょだい》な波となって広がっていきます。この現象《げんしょう》を津波《つなみ》といいます。

風呂《ふろ》の水にたとえて考えてみましょう。浴槽《よくそう》の底に手を置き、それを一気に引き上げることで生まれる大きな波が津波といえます。

波が原因《げんいん》となる災害《さいがい》はほかにも、風によって海面に波が立つ「波浪《はろう》」があります。先ほどの風呂の水でたとえれば、水面に息を吹《ふ》きかけて起こる波が波浪です。

しかし、同じ波の災害とはいえ、広い範囲の海水全体が動く津波と、海面の水だけが動く波浪では、被害の大きさが異《こと》なります。

ものすごい速さと力で すべてを押《お》し流《なが》す

津波《つなみ》のこわさのひとつは、スピードです。沖合《おきあい》では、時速 800km で飛ぶジェット機と同じくらいのスピードで移動《いどう》します。陸に近付くにつれてスピードは遅《おそ》くなりますが、海岸近くでも、新幹線なみの速度で押《お》し寄《よ》せてくるため、津波を見てから避難《ひなん》を開始してもまにあわないのです。

また、津波が物を押し流す力もとても強く、わずか 30㎝程度《ていど》の高さの津波であっても、大人が流されてしまいます。50㎝になると自動車を押し流すほどの力になります。

津波の力は、波の高さが高くなればなるほど大きくなるため、気象庁《きしょうちょう》では 20㎝以上〜 1m 未満の津波に「津波注意報《ちゅういほう》」、1m 〜 3m 以内に「津波警報《けいほう》」、それ以上には「大津波警報」を発表して警戒《けいかい》を呼《よ》びかけます。

津波の高さと建物の被害《ひがい》の関係については、その建物の強さなどによって違《ちが》いはありますが、木造《もくぞう》の建物では 1 m程度からだんだん被害が始まり、2 mで完全にこわされてしまいます。丈夫《じょうぶ》な鉄筋《てっきん》コンクリートの建物であっても、15m を超《こ》えるような大津波に耐《た》えることはできません。

東日本大震災《ひがしにほんだいしんさい》の時には、東北地方の太平洋沿岸《えんがん》を中心に、南北 530km にわたって 10m（学校の校舎《こうしゃ》の 3 階以上）を超える高さの津波が観測《かんそく》され、大きな被害が発生しました。

この津波について調査《ちょうさ》を行った東北地方

太平洋沖地震津波合同調査グループよると、岩手《いわて》県大船渡《おおふなと》市の綾里湾《りょうりわん》の一部では、津波の高さが 40.1m（海岸から内陸へ津波がかけ上がった高さ）にも達したと報告《ほうこく》されています。

さらに、津波はくり返しおそってきます。高さも、第 1 波より第 2 波以降《いこう》が高くなることがあるため、津波警報が解除《かいじょ》されるまで注意しなければなりません。

津波《つなみ》が太平洋を渡《わた》ってくる!?

もうひとつ、津波《つなみ》のおそろしさを物語る話があります。

1960 年 5 月 23 日午前 4 時すぎ（日本時間）、南米のチリ南部でマグニチュード 9.5 という観測史上《かんそくしじょう》最大の超巨大地震《ちょうきょだいじしん》が起こりました。東日本大震災《ひがしにほんだいしんさい》（マグニチュード 9.0）よりも大きいこの地震によって発生した津波は、平均《へいきん》時速 750km という速さで太平洋を渡《わた》り、15 時間後にハワイを、そして、22 時間半後の 5 月 24 日午前 3 時ごろに日本をおそいました。

津波は北海道《ほっかいどう》から沖縄《おきなわ》までの太平洋沿《えん》岸《がん》のほぼ全域《ぜんいき》におよび、場所によっては 4 ～ 6m の高さに達しました。岩手県・宮城県を中心に、死者・行方《ゆくえ》不明者は 142 人にも上り、4 万 6,000 棟《むね》の建物が被害《ひがい》を受けています。

この災害は気象庁《きしょうちょう》によって「チリ地震津《じしんつ》波《なみ》」と名付けられ、津波は遠くからもやってくるという教訓になっています。

津波《つなみ》の伝わる速さ

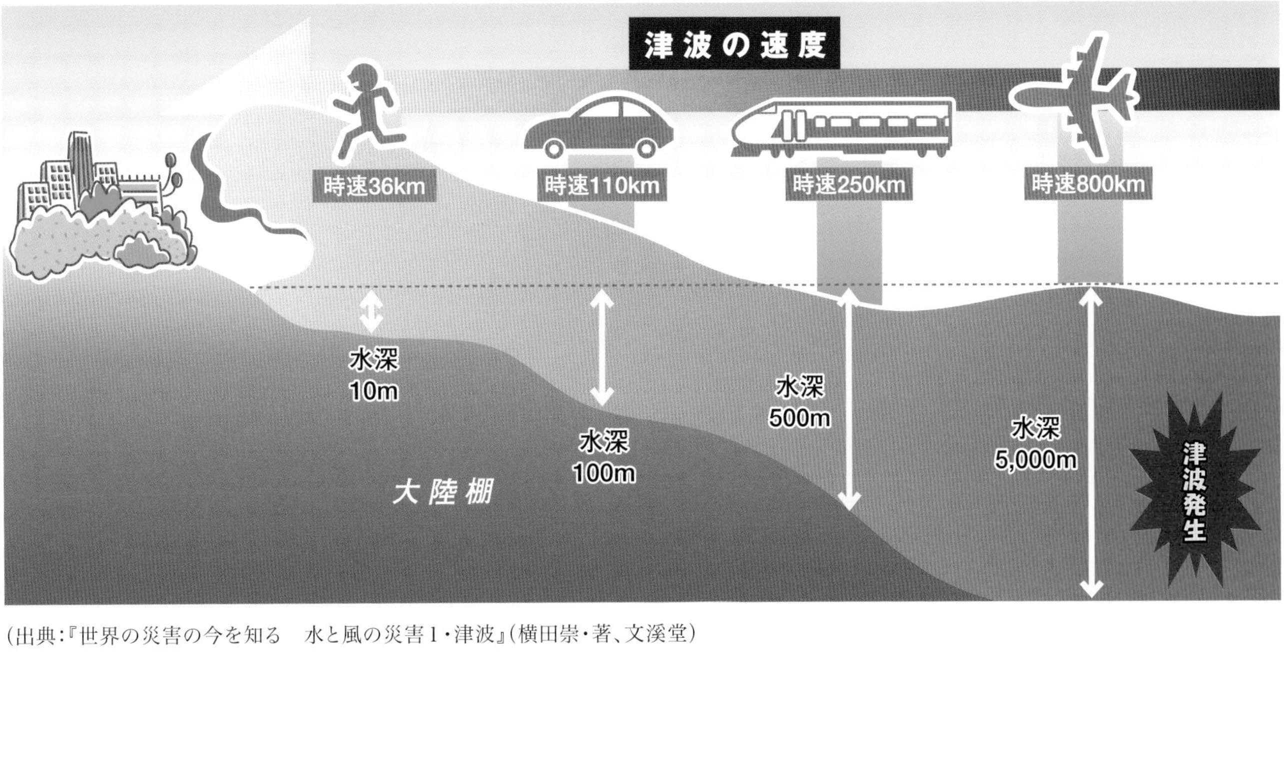

（出典：『世界の災害の今を知る　水と風の災害 1・津波』（横田崇・著、文溪堂）

4 自然災害《さいがい》 =台風・洪水《こうずい》=
被害《ひがい》は地球温暖化《おんだんか》で大きくなる！

台風が生まれるのは暖《あたた》かな南の海

台風とは、熱帯（赤道《せきどう》に近く、平均《へいきん》気温が20℃以上の地域《ちいき》）の海上で生まれた低《てい》気圧《きあつ》（熱帯低気圧）のうち、最大風速（10分間平均）が約17m/s（1秒間に17mの速さ）以上になった現象《げんしょう》のことをいいます。

台風の元になる熱帯低気圧が、どの場所で生まれたのかによって呼《よ》び名《な》が変わります。インド洋や南太平洋で発生したものは「サイクロン」、大西洋や北太平洋東部のものは「ハリケーン」、そして、東アジア周辺の太平洋のものが「台風（タイフーン）」と呼ばれています。

気象庁《きしょうちょう》では、毎年1月1日以降《いこう》にもっとも早く発生した台風を第1号と呼び、その後は発生した順番で番号を付けていきます。また、2000年からは、日本をふくむ14の国と地域が参加する台風委員会が定めた「アジア名」も使われています。

2000年に発生した台風第1号は、カンボジアで「象」を意味する「ダムレイ」と名付けられました。それ以降は、定められた140の名前を順番に付けていき、最後の「サオラー」が使われると、ダムレイに戻《もど》ります。台風は1年間の平均で25.6個《こ》発生するので、約5年でひと回りします。

台風の力が強くなる!?

台風は7～10月にかけて日本に接近《せっきん》または上陸し、大雨や暴風《ぼうふう》、高潮《たかしお》などを引き起こして大きな被害《ひがい》をもたらします。

2019年に発生した「令和元《れいわがん》年東日本台《ひがしにほんたい》風《ふう》（台風19号）」では、これまでにないような大雨が降《ふ》り、1都12県に大雨特別警報《けいほう》が発令されました。この雨によって河《か》川《せん》があふれたり、土砂《どしゃ》くずれが起こったりして、広い範囲《はんい》で被害が発生しました。

気候について研究する世界的な機関の報《ほう》告《こく》では、このまま地球温暖化《おんだんか》が進んでいくと、海水面の温度が高まり、台風のエネルギーである水蒸気の量が増えるので、台風がより強くなるだろうと指摘されています。

台風発生の仕組み

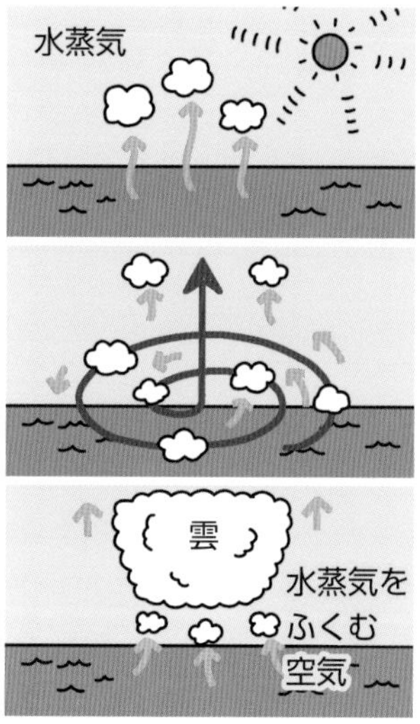

熱帯の海水が蒸発《じょうはつ》し、上《じょう》昇《しょう》気流（上に向かう空気の流れ）が生まれる。

雲ができる時に熱が放出されて、上昇気流が強くなる。

渦《うず》が大きくなって熱帯低気圧《ていきあつ》となり、発達して台風になる。

河川《かせん》から水があふれる洪水《こうずい》

洪水《こうずい》とは、大雨や雪どけ水などによって河川《かせん》の水の量や高さがものすごい勢《いきお》いで増《ま》し、河川が氾濫《はんらん》する現象《げんしょう》をいいます。

氾濫とは、河川から水があふれ出ることを意味していて、2つの種類があります。

ひとつ目は「外水氾濫《がいすいはんらん》」で、河川の水が増《ふ》えることで堤防《ていぼう》がこわれたり、水があふれたりして被害《ひがい》が出ることをいいます。

もうひとつは「内水氾濫《ないすいはんらん》」で、大量の雨が短い時間に集中して都市に降ることによって、下水道などから河川へ水を流すことができなくなって起こります。

洪水と合わせて使われる言葉に「浸水《しんすい》」がありますが、これは、洪水によって建物などが水に浸《つ》かることです。浸水の深さが50cmを超えると、大人でも避難《ひなん》が難《むずか》しくなります。一方で、道路などが水に浸かることを「冠水《かんすい》」と呼《よ》んでいます。

また、大雨などによって引き起こされる洪水、土砂《どしゃ》くずれ、高潮《たかしお》などの災害《さいがい》をまとめて「水害」と呼ぶこともあります。

大雨とともに増《ふ》え続《つづ》ける洪水被害《こうずいひがい》

2012年の7月11日から14日にかけて、九州の北部を中心に降《ふ》り続《つづ》いた大雨は、福岡県、熊本県、大分県、佐賀県でこれまでにないほどの量になりました。一部の地域《ちいき》では、わずか4日間に降った雨の量の合計が、毎年7月の平均的《へいきんてき》な雨の量の150％以上になった地点もあったほどでした。

この大雨によって、いくつもの河川《かせん》で氾濫《はんらん》が起こって被害《ひがい》が発生し、土砂《どしゃ》くずれなども起こりました。福岡県、熊本県、大分県では死者30人・行方《ゆくえ》不明者2人となり、佐賀県を含《ふく》めた4県では、1万棟《むね》を超《こ》える建物に被害が出ています。

そのほか、広い地域で停電《ていでん》が発生し、道路や電車といった交通機関にも被害がおよびました。このように近年では、大雨が増加し、洪水の発生も増えています。

外水氾濫《がいすいはんらん》（水が堤防《ていぼう》をこえてくる）

内水氾濫《ないすいはんらん》（本来、水をにがす排水路《はいすいろ》から水があふれる）

5 自然災害《さいがい》 ＝火山噴火《ふんか》＝
日本には活火山が111もある！

噴火《ふんか》しそうな火山は日本だけで111

火山噴火《ふんか》とは、地中の深い場所で生まれたマグマや水蒸気《すいじょうき》などが地表に出てくる現《げん》象《しょう》です。マグマとは、650～1300℃という高温の物質《ぶっしつ》で、岩がどろどろにとけていると考えられています。

現在《げんざい》の日本には、活火山が111あります。活火山とは、噴火を起こす可能性《かのうせい》がある火山のことを指し、「おおむね1万年以内に噴火したことがある火山および、現在も活発な動きをしている火山」と定められています。その中でも、特に防災《ぼうさい》のために警戒《けいかい》が必要な50の火山は、24時間体制《たいせい》で監視《かんし》が行われています。

噴火をくり返す鹿児島県の桜島《さくらじま》や、世界遺産《いさん》にもなっている富士山《ふじさん》も、この50の活火山にふくまれています。

火山が噴火する仕組みは、地震《じしん》の発生にもつながるプレートの動きが関係しています。陸のプレートの下に海のプレートが沈《しず》み込《こ》む時に、マントルの一部がとけてマグマが発生すると考えられています。そうして生まれたマグマは、マグマだまりと呼《よ》ばれる場所にたまっていき、周りのさまざまな力を受けて地面に押《お》し出《だ》されて噴火となります。

噴火には大きく3つの種類があります。マグマが噴火口から勢《いきお》いよく飛び出す「マグマ噴火」、マグマが地下水に触《ふ》れて水蒸気とマグマが一緒《いっしょ》に噴《ふ》き出《だ》す「マグマ水蒸気噴火」、マグマによって地下水が温められて水蒸気が噴き出す「水蒸気噴火」です。

広い地域《ちいき》に石や灰《はい》が降《ふ》る

火山噴火《ふんか》が起こると、火口から岩石が飛んでくる「噴石《ふんせき》」、マグマが流れ出る「溶《よう》岩流《がんりゅう》」、高温の石や火山ガスが混《ま》じり合《あ》って時速100km以上のスピードで流れる「火砕流《かさいりゅう》」のほか、火山灰《かざんばい》なども発生し、広い範囲《はんい》にわたって、人の体だけでなく野菜などの農作物にも被害《ひがい》をおよぼします。たとえば、「平成《へいせい》26年御嶽山噴火《おんたけさんふんか》」では噴石や火砕流などが発生しました。これによって60名以上の命が失われ、戦後最悪の火山災害となっています。

■噴火《ふんか》の種類は3つある

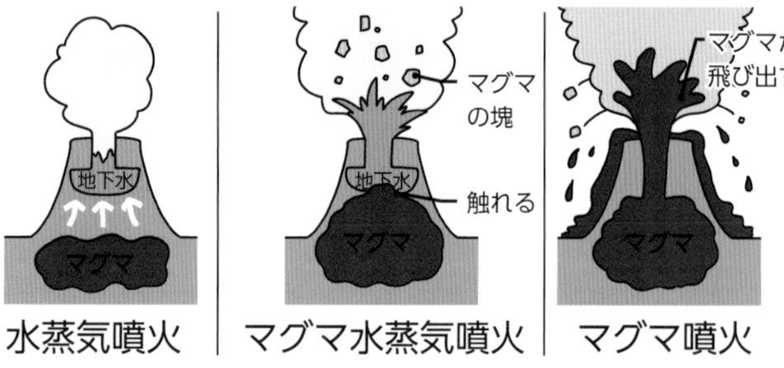

■常時観測《じょうじかんそく》火山（24時間体制《たいせい》で火山活動を観測している火山）

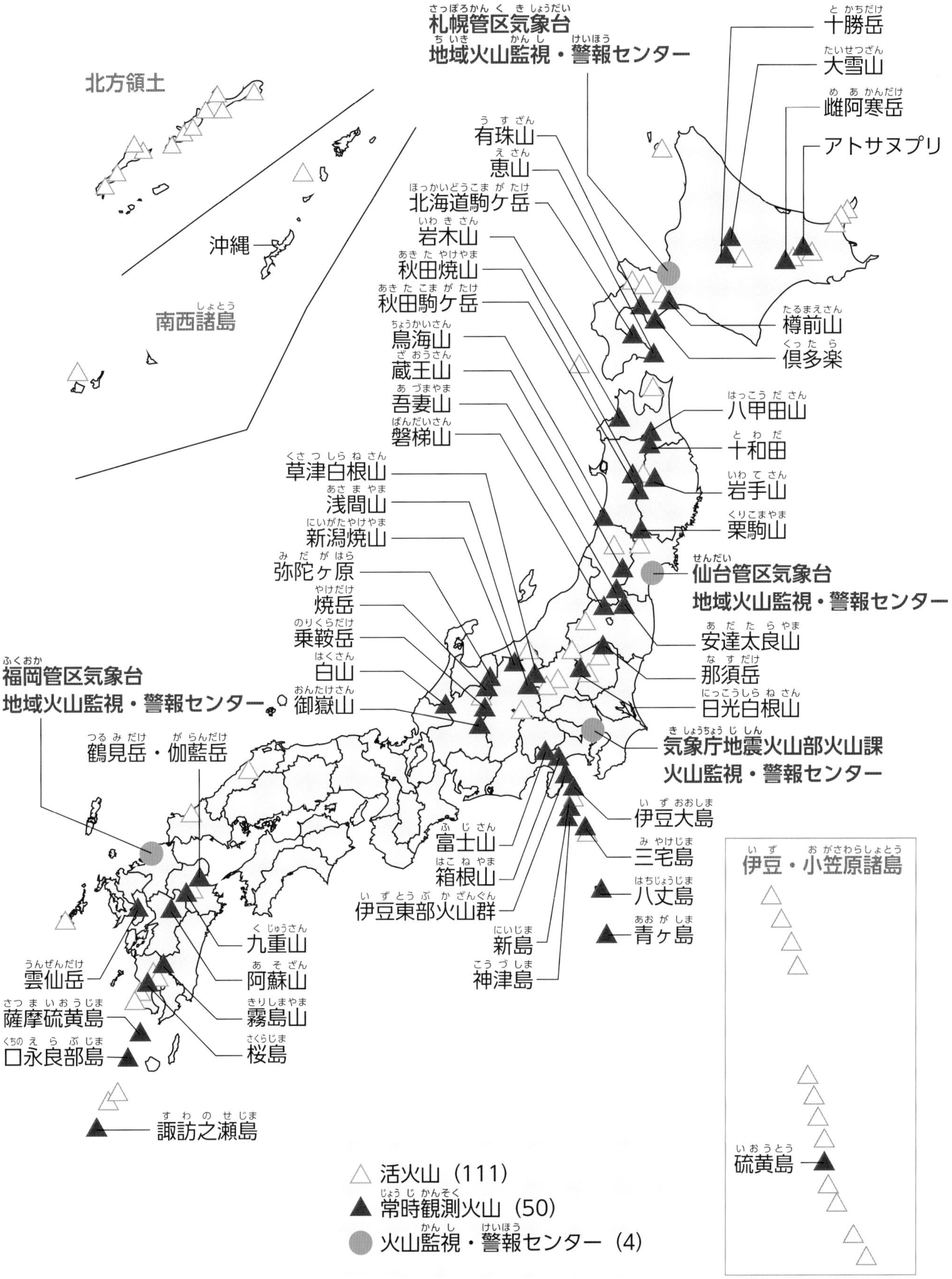

（出典：気象庁ホームページを参考に作成）

6 特殊災害《とくしゅさいがい》 =感染症《かんせんしょう》によるパンデミック=
災害時にはかかりやすい！

目に見えない感染症《かんせんしょう》のパンデミック

2020年、新型《しんがた》コロナウイルス感染症《かんせんしょう》（COVID-19）が発生し、世界中でパンデミックとなりました。パンデミックとは、世界のさまざまな地域《ちいき》で、たくさんの人が同じ病気にかかることを意味します。

2021年1月時点では、新型コロナウイルス感染症は世界中で猛威《もうい》をふるい、経済《けいざい》にも大きな影響《えいきょう》を与《あた》えています。人の命と財《ざい》産《さん》に被害《ひがい》が出ていることから、感染症のパンデミックも災害《さいがい》のひとつといえます。

感染症とは病気を引き起こす小さな病原体が、口や皮ふなどから体の中に入り、発熱や下痢《げり》、せきなどの症状《しょうじょう》が出る病気のことをいいます。病原体は、その大きさや構《こう》造《ぞう》の違《ちが》いによって、細菌《さいきん》、ウイルス、真菌、寄生虫《きせいちゅう》などにわけられています。

感染症には、人から人にうつるものもあれば、動物や昆虫《こんちゅう》から感染するもの、または傷口《きずぐち》から細菌が入って病気を起こすものがあります。

感染症の広がり方には、感染した人や、その人が使ったものに触《ふ》れることなどでうつる「接触《せっしょく》感染」、くしゃみ・せき・会話などで飛び散ったしぶき（飛沫《ひまつ》）でうつる「飛沫感染」、空気中にただよう病原体を吸《す》い込《こ》むことによってうつる「空気感染」などがあります。そこで、密閉《みっぺい》・密集・密《みっ》接《せつ》の「3密」を避《さ》けること、くしゃみ・せきでしぶきを飛ばさないためにマスクをすること、手洗《てあら》い・うがいでウイルスを洗い流すことが、感染しない・感染を広げない対策《たいさく》とされています。

災害《さいがい》が起こると感染症《かんせんしょう》になりやすい

感染症《かんせんしょう》は、大きな地震《じしん》や津波《つなみ》などの災害《さいがい》が起こった時に、広がりやすくなります。電気、ガス、水道などが止まってきれいな水が使えなくなったり、食料の不足によって栄養が十分にとれなくなったりするなど、さまざまな問題が重なるからです。また、避難所《ひなんじょ》などにたくさん人が集まることで、人から人にうつりやすい環境《かんきょう》が生まれてしまいます。

東日本大震災《ひがしにほんだいしんさい》の時には、傷口《きずぐち》から菌《きん》が入って起こる破傷風《はしょうふう》という感染症にかかる人がたくさんいました。

災害時には感染症にかかりやすいことを覚えておき、いつも以上にしっかりと手洗《てあら》い・うがいをしましょう。また、せきやくしゃみでしぶきを飛ばさないためにも、マスクを忘《わす》れずに付けましょう。

第3章

災《さい》害《がい》情《じょう》報《ほう》を取《しゅ》得《とく》するための
メディア知《ち》識《しき》

第3章　災害情報《さいがいじょうほう》を取得《しゅとく》するためのメディア知識《ちしき》

1 メディアの種類と役《やく》割《わり》

メディアって何だろう？

わたしたちは毎日の暮《く》らしの中で、テレビやインターネット、本、スマートフォンなどからさまざまな情報《じょうほう》を得《え》ています。これらは一般的《いっぱんてき》に「メディア」と呼《よ》ばれていて、情報を伝達するための手段《しゅだん》や媒体《ばいたい》を意味しています。その中でも特に、たくさんの人が利用している「新聞」、「雑誌《ざっし》」、「ラジオ」、「テレビ」を、四大メディアと呼んでいます。

また、メディアには情報の記憶《きおく》という意味もあるため、CD-ROM《シーディーロム》や DVD《ディーブイディー》などの記録メディアもメディアと呼ばれています。この本において「メディア」とは、特にことわりがないかぎり、情報を伝達するテレビやラジオ、インターネットなどのネットワークメディアを指しています。

さて、普段《ふだん》は何気なく見ているテレビや新聞も、ひとたび災害《さいがい》が発生すれば、命に関わる重要な情報を発信します。そこで、四大メディアの特徴《とくちょう》をあらためて確認《かくにん》しながら、災害時にはどんな情報を発信しているのか、また、利用する時にはどんなことに注意するべきかを見ていきます。

新聞:歴史《れきし》が長く信頼性《しんらいせい》が高い

新聞は、四大メディアの中でももっとも歴史《れきし》が長く、古くから人々にとっての重要な情報源《じょうほうげん》となってきました。

現在《げんざい》の日本には、毎日発行される「日刊紙《にっかんし》」だけでも、100 以上の種類があります（一般社団《いっぱんしゃだん》法人日本新聞協会の調査《ちょうさ》による 2017 年の有料日刊紙発行紙数より）。

また、朝日新聞や読売新聞などは日本全国で発行されているため「全国紙・一般紙」などと呼《よ》ばれています。一方で、特定の地域《ちいき》で発行されている新聞は「ブロック紙・地方紙」などと呼ばれています。

新聞を発行する時は、取材をしたり記事を書いたりする「記者」、その記事を紙面に組み上げる「編集」、記事の内容《ないよう》や文字に間違《まちが》いがないかを確認《かくにん》する「校閲《こうえつ》」をはじめ、その分野の専門知識《せんもんちしき》を持ったたくさんの人が関わっているため、信頼性《しんらいせい》が高いという特徴《とくちょう》があります。

また、日刊紙の多くは、20 ～ 40 ページ程度《ていど》しかありませんが、紙面の中には、政治《せいじ》や経済《けいざい》をはじめ、文化、科学、スポーツ、ひいては世界のニュースなどさまざまな情報が掲載《けいさい》されており、しかも記事の内容がひと目でわかるような見出しが付けられているため、さっとめくるだけでも、重要な記事を知ることができるといった一覧《いちらん》性《せい》に優《すぐ》れているという特徴もあります。

その一方で、印刷の過程《かてい》があるため、テレビやラジオに比《くら》べて情報の伝達スピードが遅《おそ》いのが短所です。

しかし災害から１週間程度の時間が経《た》つと、新聞から情報を得《え》ようとする人が増《ふ》えます。災害に関する情報を、しっかり読んで理解《りかい》することができるからです。

雑誌《ざっし》：特定のテーマをより詳《くわ》しく解説《かいせつ》

雑誌《ざっし》は、読む人の年齢《ねんれい》、性別《せいべつ》、趣味《しゅみ》などに合わせて記事が書かれているメディアです。そのため、取り上げるテーマを限定《げんてい》できるので、新聞よりも詳《くわ》しい内容《ないよう》を伝えていることがあります。また、新聞以上にたくさんの種類が発行されています。

雑誌は、さまざまなニュースを伝える新聞とは異《こと》なり、読んでもらいたい人（対象《たいしょう》読者）とテーマが決まっているため、自分の興味《きょうみ》に合う雑誌を見つけやすいという特《とく》徴《ちょう》があります。また、そうした分野の中で「特集」が組まれることも多く、新しい発見ができるような工夫《くふう》がされています。

雑誌は、テーマが決まっていて内容も深《ふか》掘《ぼ》りされた詳しいものが多いので、長い期間保存《ほぞん》され、読み返されることが多いのも特徴です。このため、雑誌は、災害《さいがい》が起こった時よりも、災害が起こる前・起こった後に重要な役割《やくわり》を果たします。

災害が起こる前については、防災《ぼうさい》に関する専門的《せんもんてき》な記事が書かれていることもありますし、災害が起こった後についても、政《せい》府《ふ》や自治体の対応《たいおう》は正しかったのか、どんな教訓があったのかなどの視点《してん》で、特集記事が掲載《けいさい》されていることもあるからです。

たとえば、東日本大震災《ひがしにほんだいしんさい》によって引き起こされた原子力発電所の事故《じこ》は、テレビや新聞では事故が起こったことは伝えていましたが、週刊誌《しゅうかんし》や月刊誌などの雑誌は、事《じ》故《こ》が起きたことの検証《けんしょう》や事故後の影響《えいきょう》などを、記者が現地《げんち》で取材した内容や現地の調《ちょう》査《さ》を行った大学などの情報を踏《ふ》まえて、より詳細《しょうさい》にわたしたちに知らせてくれました。

■メディアの種類

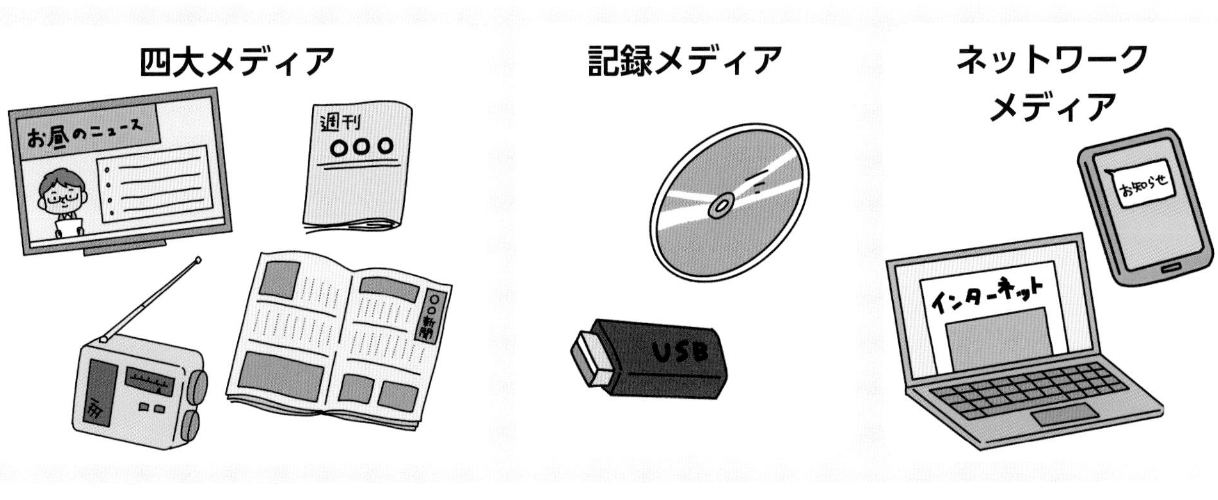

ラジオ：災害《さいがい》に強い

現在《げんざい》の日本には、100以上のラジオ放送局があります。これまで、ラジオを聞くためにはラジオの信号を受け取る受信機が必要でしたが、近年ではインターネットを通じて、パソコンやスマートフォンでも聞くことができるようになりました。

ラジオの特徴《とくちょう》のひとつに、生放送を基本《きほん》としていることが挙げられます。実際《じっさい》の時刻《じこく》と同じ時間で番組が進行していくため、「今、この時間」の情報《じょうほう》を知ることができます。

また、ラジオは音声のみで情報を伝達するため、テレビに比《くら》べて、言葉による詳《くわ》しい説明がされることが多くあります。災害《さいがい》が起きた時も、耳で聞いて状況《じょうきょう》がわかるように詳しい情報が発信されます。

また特定の地域《ちいき》で聞くことができる放送局があり、地域に根ざした情報を得《え》やすいという利点があります。

東日本大震災《ひがしにほんだいしんさい》、熊本地震、令和《れいわ》元年東日本台風などの大規模《だいきぼ》な災害が起こった時も、ラジオは重要な情報を得られるメディアとして重要な役割《やくわり》を果たしています。特に、災害時には市区町村単位の小さな地域を対象《たいしょう》とする「コミュニティFM《エフエム》」や「コミュニティ放送局」などと呼《よ》ばれるラジオ放送局が、特別な役割を果たすことがあります。コミュニティFMは、地域に密着《みっちゃく》した情報の発信が基本なので、被災した地域の情報源《じょうほうげん》として重要になるからです。

ラジオは、その多くが電池で作動するので、停電時《ていでんじ》にも使用できます。そのため防《ぼう》災《さい》グッズの中には、必ずといってよいほどラジオ受信機がふくまれます。災害時に役立つメディアといえるでしょう。

テレビ：音と映像《えいぞう》で広く情報《じょうほう》を伝える

テレビは、四大メディアの中で最後に登場したメディアです。しかし、現在《げんざい》のわたしたちの暮《く》らしに、もっとも身近なメディアといえるのではないでしょうか。

テレビが広く普及《ふきゅう》した理由のひとつは、映像《えいぞう》があることでした。テレビができるまでは、文字や写真・図などを読む新聞や雑誌《ざっし》、音声で聞くラジオしかなかったため、映像と音声で届《とど》けられる新しい情報《じょうほう》の伝達方法に、たくさんの人が引き付けられたのです。

もうひとつは、民放（民間放送）テレビが無料で見られたことです。これは現在のラジオでも同じ仕組みですが、民法のテレビでは番組の間に企業《きぎょう》のコマーシャルを流す代わりに、広告費《こうこくひ》というかたちで放送局にお金が支払《しはら》われているため、無料で見ることができるのです。

テレビは映像と音声で情報伝達されるため、たくさんの情報をわかりやすく伝えられるという特徴《とくちょう》があります。

たとえば、台風の状況《じょうきょう》を伝えるニュース番組では、レポーターが現地に行ってその様子を伝えているため、雨や風の強さをひと目で理解《りかい》することができます。

そのため災害《さいがい》が起こった時の情報収集《しゅうしゅう》で

も、たくさんの人がテレビを使って情報を得《え》ようとします。テレビは普段《ふだん》の暮《く》らしの中の娯楽《ごらく》だけではなく、災害時にも重要なメディアになるのです。

しかし、災害による停電時《ていでんじ》には使用できないことが多く、またテレビはより広くより多くの人たちに向けた情報発信を得意《とくい》としているため、たとえば、被災《ひさい》した地域などに限定《げんてい》した情報を得るには不向きといえます。地域に密着《みっちゃく》した情報を伝えているメディアとあわせて、情報を集めることが大切です。

インターネット：便利だが フェイクニュースには要注意

インターネットとは「世界各国の人や機関をつなぐ、情報《じょうほう》通信のためのネットワーク」といえます。

現在《げんざい》では、四大メディアである新聞や雑《ざっ》誌《し》を発行する新聞社や出版社《しゅっぱんしゃ》なども積極的にインターネットを使って、さまざまな情報を発信しています。さらに、メディアではない一般《いっぱん》の企業《きぎょう》や個人《こじん》も、ホームページやブログを通じて情報を発信しています。

また、近年ではスマートフォンの登場によって、インターネットがより身近な存在《そんざい》となりました。Facebook（フェイスブック）やInstagram（インスタグラム）、Twitter（ツイッター）などのSNS《エスエヌエス》（ソーシャル・ネットワーキング・サービス）、YouTube（ユーチューブ）をはじめとする動画共有サービスなども盛《さか》んに利用され、情報の発信の仕方・受け方が進化を続けています。

災害時《さいがいじ》の情報収集《しゅうしゅう》においても、インターネットを利用したメディアがますます重要になってきています。

たとえば、東日本大震災《だいしんさい》の時はTwitterなどのSNSが重要な役割《やくわり》を果たしました。

ただし、充電《じゅうでん》されたノートパソコンやスマートフォンなどがないと停電時《ていでんじ》には使用できないというデメリットもあります。

また、災害時などに利用が集中すると、携帯電話やインターネットがつながりにくくなるので、注意が必要です。

さらに、災害時には、正しい情報だけではなく、フェイクニュースと呼《よ》ばれるような間違《まちが》った情報も多数インターネット上に掲載《けいさい》され、混乱《こんらん》を起こすことも事実です。インターネットを活用して災害時の情報を得る際《さい》には、情報発信源《はっしんげん》に注意して、個人の発言などは、そのまま鵜呑《うの》みにしないなどの注意も必要になります。

2 災害《さいがい》にまつわる メディア接触時《せっしょくじ》の注意点

メディアの多様化は便利？ それとも問題？

新聞や雑誌《ざっし》が生まれて、ラジオ、テレビが発明され、そこにインターネットを使ったメディアが加わったことで、わたしたちはさまざまな方法で情報《じょうほう》を入手できるようになりました。こうして、メディアがたくさんの種類にわかれてきたことを「メディアの多様化」といいます。

メディアの多様化はわたしたちの暮《く》らしをより便利にしましたが、新しい問題を生んでいることも忘《わす》れてはいけません。

メディアの多くは、「起こった事実を正《せい》確《かく》に伝える」ことを大切にしています。新聞やテレビの情報を「信頼性《しんらいせい》が高い」ものとして受け取ることができるのは、その分野の専門家《せんもんか》たちが何重にもチェックを行っているという前提《ぜんてい》があるからです。

ところが、メディアの中には「事実よりも、情報の受け手の興味《きょうみ》を優先《ゆうせん》する」メディアもあります。

たとえば、東日本大震災《ひがしにほんだいしんさい》のような大きな地震が発生し、津波《つなみ》が原子力発電所をおそったとします。この災害をあるメディアは、「放射性物質《ほうしゃせいぶっしつ》がもれ出るおそれあり」と伝えるかもしれません。また別のメディアでは、「東日本大震災の前例を考えれば、放射性物質はもれ出ているに違《ちが》いない」と受け手の不安をあおるような報じ方をするかもしれません。

事実に対して賛成《さんせい》意見と反対意見を伝えるメディアもあれば、よりセンセーショナルな意見だけを伝えるメディアがないとも言い切れません。

情報を発信するメディアにも意図があるため、メディアによって事実の取り上げ方、伝え方が異《こと》なることに注意しなければならないのです。

情報《じょうほう》の中には デマやフェイクがある

また、デマやフェイクニュースといった情報《じょうほう》にも気を付ける必要があります。

「デマ」とは、わざと流されるうその情報、根拠《こんきょ》のないうわさ話です。語源《ごげん》はドイツ語の「デマゴギー（Demagogie）」で、日本人はこれを短くして使っています。

デマという言葉が使われるようになったのは昭和《しょうわ》初期だといわれていますが、近年では「フェイクニュース」という言葉も聞かれるようになりました。ここに使われている「フェイク（fake）」とは、偽物《にせもの》・模《も》造品《ぞうひん》という意味の英語ですから、フェイクニュースとは「ニセのニュース、間違《まちが》ったニュース」という意味になります。

多くの場合、デマは人づてに広がっていくものですが、フェイクニュースは“ニュース”としてインターネットなどのメディアで報じられてしまうことがあります。そのため事実だと信じやすくなるので、問題になっています。

フェイクニュースが増《ふ》えてきた原因《げんいん》には、インターネットの利用が広がったことによって、不確《ふたし》かな情報が増えてきたという背景《はいけい》があります。また、アクセス数を増《ふ》やすことでお金をもうけるために、わざとフェイクニュースを流すことも増えました。

中 後

災《さい》害《がい》時《じ》には特に注意！

特に災害時《さいがいじ》は、デマやフェイクニュースが広がりやすくなります。多くの人が不安になり、不確《ふたし》かな情報《じょうほう》であっても、きちんと調べもせずに信じてしまい、それをさらに広げてしまうからです。

また、地震《じしん》や津波《つなみ》の発生を知らせる警報《けいほう》などの重大な情報を受け取ると、人間には2つの異《こと》なる考えが生まれます。ひとつは、自分だけはきっと大丈夫《だいじょうぶ》だと思《おも》い込《こ》んで、危険《きけん》が目の前に迫《せま》ってくるまで警報をまともに受け止めないものです。

もうひとつは、警報を必要以上に危険だと考えて冷静さを失ってしまうこと、つまり、パニックを起こしてしまうものです。

こうした状態《じょうたい》にならないためにも、情報を正しく読《よ》み解《と》く力が求められています。

メディアリテラシーをひとりひとりが高めよう

メディアが多様化した現代《げんだい》では、「メディアリテラシー」が必要です。「リテラシー」とは「読み解く力」のことです。つまり「メディアリテラシー」とは、メディアが発信する情報《じょうほう》をきちんと利用する技術《ぎじゅつ》や、自分で情報を分析《ぶんせき》する能力《のうりょく》のことだといえます。

何かの情報に接した時に、まず「どこ（情報源）」からの情報かを確認し、その情報源が信頼できるかどうかを確認し、さらに、もしその情報がどこかからの引用ならば、大元の情報源まで調べるといった対応が必要です。

また、SNS《エスエヌエス》などを利用しているのであれば、自分が情報の送り手になることもあるので、あいまいな情報発信をしないよう注意することも、大切なメディアリテラシーなのです。

3 災《さい》害《がい》発生前に役立つ情《じょう》報《ほう》の接《せつ》し方《かた》

前 防《ぼう》災《さい》・減《げん》災《さい》に役立つ災害前情《じょう》報《ほう》で、防災意《い》識《しき》を高めよう

災害《さいがい》が発生していない状況《じょうきょう》で発信される情報《じょうほう》の多くは、災害発生のメカニズムを詳《くわ》しく解説《かいせつ》するものや、万が一災害が発生した時に、何に注意をし、どんな行動をとるべきかについての心構《こころがま》えなどを解説するもの、過去《かこ》に発生した災害をふり返り、教訓とすることで防災《ぼうさい》の意識《いしき》を高めるものなどさまざまです。

こうした情報は、防災・減災《げんさい》の考え方からも、とても重要性《じゅうようせい》の高い情報ではありますが、必ずしも緊急性《きんきゅうせい》が高い情報とはいえません。

しかし、普段《ふだん》からこうした情報に接《せっ》することで、防災の意識を高めることにつながり、それが結果として万が一の際《さい》に役立つのだということをしっかりと理解し、災害前情報に積極的に触《ふ》れるよう心がける必要があります。

■ハザードマップを活用すれば、安全な避《ひ》難《なん》や、防《ぼう》災《さい》・減《げん》災《さい》に役立つ

＜ハザードマップのイメージ＞

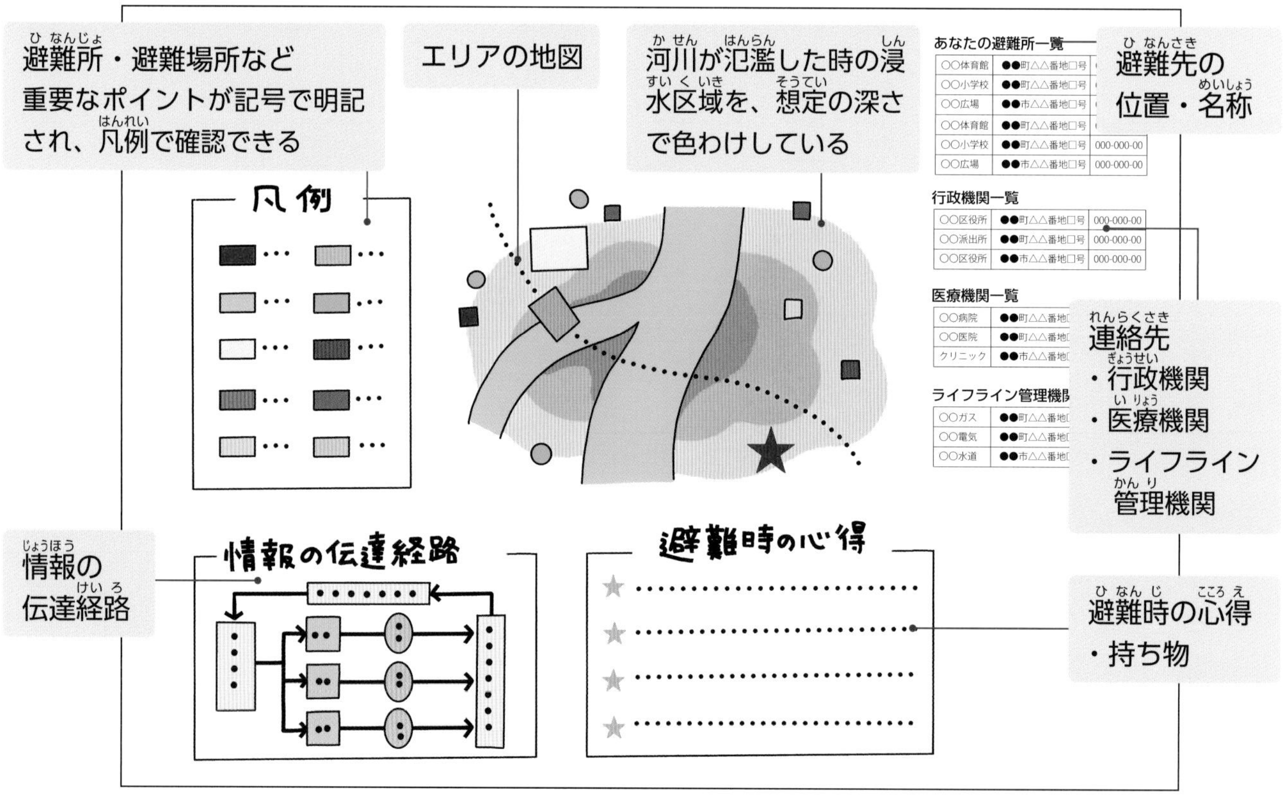

前

災《さい》害《がい》前《まえ》情《じょう》報《ほう》は、メディアの特《とく》性《せい》を理《り》解《かい》して使い分ける

防災《ぼうさい》や減災《げんさい》に役立つ、災害前の情報《じょうほう》については、あらゆるメディアが、それぞれの特性《とくせい》を生かして発信しています。

ですから、災害が発生する前に、災害や防災・減災についての知識《ちしき》を深め、万が一に備《そな》えるという意味では、特定のメディアを活用するというよりも、自分にとって使い勝手のよいメディアを中心に、できるだけさまざまなメディアの情報に接《せっ》することが望ましいといえるでしょう。特に、テレビや新聞、雑誌《ざっし》などのメディアでは、「特集」として過去《かこ》の災害を取り上げて、さまざまな防災・減災に関する情報を発信することが多くあります。

前

インターネットはオンデマンド・メディア

「オンデマンド」とは、自分が希望するタイミングで情報《じょうほう》やサービスなどの提供《ていきょう》を受けることができることをいいます。“オンデマンドの映画《えいが》配信サービス”といえば、自分が見たいと思った時に、いつでも好きな映画が見られるサービスです。

新聞や雑誌《ざっし》、テレビなどの情報メディアは、そのメディアに接《せっ》すること自体は、いつでも、自分がそうしたいと思った時に接することができます。しかし、そこに、自分がほしい情報があるとは限《かぎ》りません。

“地震《じしん》のメカニズムについて、今、知りたい”と思っても、その時点でテレビが特集番組をやっているとは限りませんし、その日の新聞に地震の特集が組まれているとも限りません。

しかしインターネットは、自分が知りたい情報を「検索《けんさく》」という方法で探《さが》し出《だ》し、スピーディに接することができるという点で、オンデマンドのメディアだということができます。

前

災《さい》害《がい》前《まえ》情《じょう》報《ほう》は幅《はば》広《ひろ》く収集《しゅうしゅう》する

いわゆる四大メディアやインターネット以外にも、防災《ぼうさい》や減災《げんさい》に役立つ情報《じょうほう》がたくさんあります。

たとえば、洪水《こうずい》などの際《さい》に浸水《しんすい》の危険性《きけんせい》がある場所を示《しめ》すハザードマップや避難《ひなん》場所に関する地図情報なども、重要な災害前情報です。こうした情報は、住んでいる場所の自治体などが発行しています。

逆《ぎゃく》の見方をすれば、万が一の際《さい》に、もっとも重要になる地域《ちいき》に密着《みっちゃく》した情報は、全国規模《きぼ》のテレビや新聞ではなかなか収集《しゅうしゅう》できない場合があるということです。

そのため、テレビや新聞などの情報だけでなく、自治体が発行するハザードマップなどの地域に密着した情報も含《ふく》めて、幅広《はばひろ》い情報収集をしておくことが大切です。

また場所によっては「津波の際の避難場所の表示」など、いろいろな注意標識があり、それらも大切な事前情報といえるでしょう。

4 災害《さいがい》発生中・発生直後に役立つ情報《じょうほう》の接《せっ》し方《かた》

中

災害《さいがい》発生中の情報《じょうほう》は、信頼《しんらい》できる情報源《じょうほうげん》で

災害《さいがい》発生中とは、たとえば台風の影響《えいきょう》が出始めている時点や、地震《じしん》発生後で津波《つなみ》が発生する危険性《きけんせい》がある状況《じょうきょう》などのことです。地震発生後の津波は、地震という災害の直後に、津波という別の災害が新たに発生するということでもあります。

いずれにしろ、災害発生中と発生直後の情報は限《かぎ》られたものになりがちです。

また、短い時間の中で適切《てきせつ》な行動をとることが命を守る上でも重要なことから、この状況で接《せっ》する情報は、より信頼《しんらい》できる情《じょう》報源《ほうげん》であることはもちろん、地域《ちいき》に密着《みっちゃく》した情報がある場合は、そうした情報が望ましいといえます。

たとえば、テレビ・ラジオに関していえば、いわゆる全国放送よりも、地元のテレビ局・ラジオ局の放送や、自治体の防災《ぼうさい》放送などです。

注意が必要なのは、SNS《エスエヌエス》です。最近では、自治体などが独自にSNSを地域の災害情報の受発信に役立てる動きが活発になっており、地域によっては、そうしたネットワークが利用できる場合があります。そうしたネットワークは自治体が主催《しゅさい》しているものなどは信頼性が高く、緊急時《きんきゅうじ》の情報源として有効《ゆうこう》でしょう。しかし、個人《こじん》が発信している情報そのものについては、そのまま信じてしまうのではなく、状況によっては、信頼できる情報なのかどうかを確認《かくにん》する必要があります。

中

自然災害《さいがい》なら気象庁《きしょうちょう》、そのほかは国や自治体の情報《じょうほう》を重視《じゅうし》

日本では、地震《じしん》（地震に付随《ふずい》して発生する津波《つなみ》）・台風・火山などの自然災害《さいがい》については、気象庁《きしょうちょう》が管轄《かんかつ》となっており、気象庁が発表する情報《じょうほう》がもっとも信頼性《しんらいせい》が高いといえます。また、災害によって、どんな被害《ひがい》が発生しているのかについては、自分の住む自治体の情報がもっとも身近で役立つ情報となるでしょう。

気象庁などからの発表情報は、自治体などを経由してわたしたちに届《とど》けられますし、テレビ・ラジオなどのメディアによっても知ることができます。

中

電波メディアを複数《ふくすう》活用する

災害《さいがい》による危険《きけん》が迫《せま》っている状況《じょうきょう》では、情報《じょうほう》の発信と受信がほぼ同時に行えるメ

ディアを活用することを心がける必要があります。

多くの場合、テレビ、ラジオなどの電波メディアが有効《ゆうこう》ですし、加えてインターネット情報も、スマートフォンなどで活用するにおいては電波メディアであり、有効な情報メディアとなります。

状況にもよりますが、可能《かのう》であるならば、テレビかラジオのいずれかをつけっ放しにして緊急《きんきゅう》放送などをすぐに見聞きできるようにしておくとよいでしょう。

大きな災害が発生すると、テレビなどの場合は、緊急ニュースとして常《つね》に災害関連の情報が見られるようになることがあります。またスマートフォンを活用した情報収《しゅう》集《しゅう》も同時に行うとよいでしょう。

複数《ふくすう》メディアを同時に活用することで、必要情報の抜《ぬ》けやもれを、できるだけなくすようにする必要があるとともに、地域《ちいき》に密着《みっちゃく》した情報源《じょうほうげん》（地元のテレビ局・地元のラジオ放送・インターネットの自治体のサイトや自治体主催《しゅさい》のSNS《エスエヌエス》など）を必ず加えるようにするとよいでしょう。

ただし、災害発生時には、停電《ていでん》やインターネットへのアクセス集中などにより使用できないことも考えられます。そのため予備《よび》の電池や電池で使える充電《じゅうでん》器などの備《そな》えをしておくことも大切です。

中 後

災害《さいがい》発生直後の情報《じょうほう》

たとえば、地震《じしん》発生直後なら津波《つなみ》に関する情報《じょうほう》に注意する必要があります。また、台風などが通過《つうか》した後には、大雨の影《えい》響《きょう》で土砂《どしゃ》くずれの危険《きけん》が生じたり、上流域《じょうりゅういき》での大雨が引き金となって河川《かせん》が氾濫《はんらん》するという危険性《きけんせい》も生じたりすることがあります。住んでいる場所によっては、土砂災害《さいがい》警戒《けいかい》情報や河川の氾濫に関する情報などに注意する必要があります。

5 災《さい》害《がい》発生後、復《ふっ》旧《きゅう》・復《ふっ》興《こう》に役立つ情《じょう》報《ほう》の接《せっ》し方《かた》

中 災《さい》害《がい》がおさまるまでは、自分の身を守ることを優《ゆう》先《せん》する

すでに触《ふ》れた通り、災害《さいがい》は二次的なものによる被害《ひがい》も決して少なくありません。二次的な災害とは、地震《じしん》発生後の津波《つなみ》や、台風後の土砂《どしゃ》くずれなどです。こうした二次的な災害をふくめて、命の危険《きけん》がなくなるまでは、まずは自分の命を守ることを優先《ゆうせん》する必要があります。

東北の方言に「てんでんこ」というものがあります。「津波てんでんこ」「命てんでんこ」などと使われることもあります。これは、「津波がきたら、何をおいても、各自がてんでんばらばらに逃《に》げろ」という教訓です。東北地方では、津波が発生した時の教訓として取り上げられます。しかし、この教訓は津波以外の災害にも有《ゆう》効《こう》です。何かの災害が発生したら、まずは自分の命を自分で守ることを優先することが、とても重要なのです。

後 被《ひ》害《がい》に関する情《じょう》報《ほう》は自治体から

さて、災害《さいがい》がおさまった後は、多くの人が被害《ひがい》についての情報《じょうほう》を必要とします。離《はな》れ離《ばな》れになって連絡《れんらく》のつかなくなってしまった家族の安否《あんぴ》情報や、住む家を失ってしまった場合の仮設住宅《かせつじゅうたく》などの情報、あるいは電気・ガス・水道などの復旧《ふっきゅう》に関する情報など、とてもたくさんの情報が必要となります。

このような、被害の状況《じょうきょう》や、その場所での生活に必要な電気・ガス・水道などの復旧工事の進み具合などは、地元自治体の発表する情報が重要となります。これらの情報を入手するには、地元のテレビやラジオも有効《ゆうこう》ではあります。けれども、これらのテレビ局やラジオ局は都道府県レベルの範《はん》囲《い》をカバーしているため、全国放送ほどではないにしても、比較的《ひかくてき》広い範囲の情報を取《と》り扱《あつか》います。そのため、ごく身近な被災状況や復旧状況などについては、地区町村単位の自治体の情報のほうが有効性《ゆうこうせい》が高い場合があります。

後 安《あん》否《ぴ》情《じょう》報《ほう》は災《さい》害《がい》用伝言ダイヤルやSNS《エスエヌエス》を活用する

はぐれてしまった家族の安否情報《あんぴじょうほう》などについては、電話会社などが提供《ていきょう》する災害《さいがい》用伝言ダイヤルや、SNS《エスエヌエス》などを活用することが有効《ゆうこう》です。普段《ふだん》から、家族と話し合いをして、万が一の場合に備《そな》えて、全員が災

害用伝言ダイヤルの使い方をきちんと理解《りかい》しておいたり、家族全員が同じ SNS サービスを利用できるようにしておいたりするなど、事前の対策《たいさく》を講《こう》じておくことが必要です。

後

復興《ふっこう》に関する情報《じょうほう》はすべてのメディアが活用できる

電気やガス、水道などの、いわゆるライフラインがいつ使えるようになるのか、というような復旧《ふっきゅう》の情報《じょうほう》は、自治体や地元に密着《みっちゃく》したメディア（地方紙と呼《よ》ばれる地元の新聞や、地元のテレビ局・ラジオ局など）が役立ちます。

復興《ふっこう》に関する情報も、同様に地元密着型《みっちゃくがた》の情報メディアを活用することが基本《きほん》になりますが、政府《せいふ》がどのような被災地支援《ひさいちしえん》をしてくれるのか、といった大きな情報については、新聞（全国紙）、テレビ・ラジオ（全国放送）、雑誌《ざっし》などもふくめて、およそすべての情報メディアが取り上げるでしょうし、多くのメディアを活用できるようになります。

ただし、被災地や被災地周辺にいる人たちにとっては、政府の取り組みなども重要ですが、それ以上に、自分が生活する地域《ちいき》が、復旧・復興に向けてどんな活動をしているのかが重要です。また、こうした情報は長い期間をかけて、継続的《けいぞくてき》に収集《しゅうしゅう》する必要があるものです。

復興に関する情報は、全国規模《きぼ》のメディアでも頻繁《ひんぱん》に取り上げられるようになるでしょうが、より身近な復旧・復興情報については、やはり自治体をはじめ、地元密着メディアを積極的に活用するほうがよいでしょう。

■災害がおさまれば、新聞などのメディアも活用できるようになる

東日本大震災《ひがしにほんだいしんさい》が発生した２日後には、早くも被災地《ひさいち》で新聞を読むことができるようになっていた。

さくいん

アルファベット

あ

か

さ

た

な

は

ま

や

ら

監修

池上 彰（いけがみ あきら）

1950年長野県生まれ。1973年NHKに記者として入局。松江、呉での勤務の後、東京の報道局社会部記者。事件、事故、気象、災害、教育、消費者問題等を取材。1994年から11年間、NHKの「週刊こどもニュース」のキャスターとして、大人の世界のニュースを、小学生にもわかるように伝える番組の責任者を務める。

2005年にNHKを辞めて独立、現在はフリージャーナリストとして、世界各地を取材し、執筆の傍ら各種メディアにも出演している。主な著書に、『そうだったのか！現代史』（集英社）、『伝える力』（PHP研究所）、監修に『池上彰の新聞活用大事典』『みんなで考えよう18歳からの選挙』『池上彰と考えるフェイクニュースの見破り方』（いずれも全4巻、文溪堂）他多数。

装丁

村口敬太（Linon）

本文デザイン・DTP

有限会社オズプランニング

イラスト

有限会社オズプランニング・酒井由香里

写真提供

カバー・表紙　右上：NASA Worldview, EOSDIS ／AP ／アフロ
中央・左：読売新聞／アフロ

本扉：PIXTA

本文：6ページ　MeijiShowa ／アフロ、7・25ページ　毎日新聞社／アフロ、
10・14（左右）・23ページ　読売新聞／アフロ、
22ページ　DIGITAL GLOBE ／ Science Photo Library ／アフロ
45ページ　アフロ

編集協力

図書印刷株式会社／
有限会社オズプランニング・大野貴之

ISBN 978-4-7999-0390-2 NDC361 48p 293 × 215mm

池上彰と考える
災害《さいがい》とメディア
1 災害情報《さいがいじょうほう》とメディアの特徴《とくちょう》

2021年2月　初版第1刷発行

発行者　水谷 泰三

監　修　池上 彰

発行所　株式会社文溪堂

〒112-8635　東京都文京区大塚3-16-12

TEL 営業　(03) 5976-1515　　編集　(03) 5976-1511

ホームページ　https://www.bunkei.co.jp

印刷・製本　図書印刷株式会社

災害から命を守るための情報
どこからとる？ どう生かす？

池上彰と考える
災害とメディア

（全４巻）

年々巨大化する台風、いつおそいかかってくるかわからない地震・津波、日本各地に散らばる火山も噴火の危険を抱えている。さらには、感染症によるパンデミック…とわたしたちの暮らしをおびやかす災害は、いたるところにあり、それらを完全に防ぐことはできない。

・発生前、発生中、発生後と、様々な段階での的確な情報の取り方を、ラジオ、テレビ、インターネット、SNS 等といった、いろいろなメディアの特徴と関連づけて、子どもたちにもわかりやすく解説。

・災害の発生は防げないが、適切な情報を取得・活用することで、自分の命を守ることができる…と情報と「減災」との結びつきを具体的な例を挙げて、資料や写真等も使いながら解説。

・子どもたちにもなじみが深いスマートフォンの災害時での活用を、その利便性だけでなく、脆弱性などの問題点もふくめて解説し、スマートフォンに頼りすぎる危険性も子どもたちに知らせた内容。

・子どもたちが「災害」という緊急時でもきちんと情報の取捨選択をし、自分の命を守れるようになる、「災害」を軸にしたメディアリテラシーの本。

・各巻の巻頭に、監修者・池上彰氏によるわかりやすい解説つき。

監修：池上　彰

各巻構成

A ４変判
各 48 ページ
NDC361
（社会）

1 災害情報とメディアの特徴
2 防災・減災のための災害予測
3 災害から命を守る情報収集
4 復興のためのメディア情報